만화가를 꿈꾸던 소녀에서 만화계 대장이 된 이해경

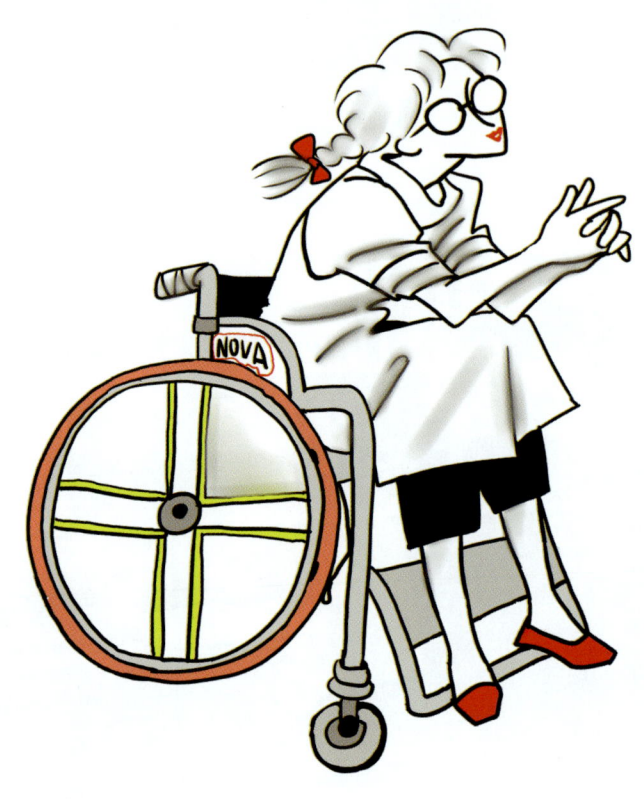

이해경이 그린 이해경

<날으는 다다>

그녀는 25세 나이에 '커피 로맨스'란
제목의 소설로 문단에 데뷔했다.

왜? '커피 로맨스'입니까? 라는 질문을
받으면 그녀의 대답은 간략하다.

커피와 연애를 합니다.

<커피로맨스> 4

2023
아홉 개의 비누

2021 어머니의 어머니,
그 어머니의 어머니

2019
커피로맨스

2017
천로역정 2

2017
천로역정 1

2009
허드슨 테일러

2009
드와이트 무디

2009
맨발의 사도 썬다 싱

2005
겨드랑이가 가렵다

2003
다다의 요리 일기 2

2003
다다의 요리 일기 1

2002
리빙스턴 이야기

2000
쿠스코 3

1998 썬다싱
(신앙인물만화)

1997
잠들지 못하는 여자

1996
드와이트 무디

1993 허드슨 테일러
(신앙인물만화)

한국만화영상진흥원 제9대 이사장 취임(2019)

오늘의 우리만화상 시상식에서(2005)

누구 시리즈

## 문학적 초상화 프로젝트
## 2025년 <누구?!시리즈10>을 발간하며

궁금증이 감탄으로 변하게 하는 이야기를 담은 작은 인문학도서 <누구?!시리즈>를 기획하게 되었다. 인문학이란 사람의 이야기를 기본으로 하는데 그 삶에서 장애는 비장애인들이 경험하지 못한 특별한 이야기여서 사람들에게 감동을 준다.

특히 장애인예술은 장애예술인의 삶 속에서 녹아 나온 창작이라서 장애예술인 이야기를 책으로 만드는 <누구?!시리즈>는 꼭 필요한 작업이다. 이 책은 장애예술인의 활동을 알리는 소중한 자료가 될 것이기에 <누구?!시리즈> 100권 발간 목표를 세웠다. 의문과 감탄을 동시에 나타내는 기호 인테러뱅(interrobang)이 <누구?!시리즈>를 통해 새로운 감성으로 확산될 것으로 믿는다.

<누구?!시리즈 100>이 완간되면 한국을 빛내는 장애예술인 100인이 탄생하여 장애인예술의 진가를 인정받게 될 것이며, 100인의 장애예술인을 해외에 소개하면 한국장애인예술의 우수성이 K-컬처의 새로운 화두가 될 것이다.

_ (사)한국장애예술인협회

### 누구?!시리즈 44

만화가를 꿈꾸던 소녀에서 만화계 대장이 된 이해경
이해경 지음

**초판1쇄 발행** 2025년 11월 20일

**지은이** 이해경
**펴낸이** 석창우
**펴낸곳** 한국장애예술인협회(KDAA)
**등 록** 2025년 5월 7일
**주 소** 서울시 금천구 서부샛길 606, 대성지식산업센터 B동 2506-2호
**전 화** (02)861-8848
**팩 스** (02)861-8849
**홈주소** www.emiji.net
**이메일** klah1990@daum.net

값 12,000원

ISBN 979-11-993059-5-3 03810

주최 (사)한국장애예술인협회
후원 문화체육관광부 한국장애인문화예술원

누구? 시리즈 44

# 만화가를 꿈꾸던 소녀에서 만화계 대장이 된 이해경

이해경 지음

**만화에서만큼은 나는 아직도 하고 싶은 게 더 많다!**

수많은 좌절 속에서도 붓을 놓지 않았던 한 인간의 지난한 여정,
버거운 현실 속에서도 꿈을 포기하지 않았던
한 늙은이의 고백록에 가까울지도 모른다.
또 수없이 거듭된 실패담이자 동시에 소박한 승리담이다.

도서출판 KDAA

여는 글

## 61년 만화의 길을 돌아보며

 열세 살에 만화를 시작해서 지금 내 나이가 일흔넷이니 만화와 함께한 세월이 올해로 언 61년이 되었다. 61년, 강산이 여섯 번 바뀌고도 남을 시간 동안 나는 오직 만화, 한길만을 바라보며 지금까지 걸어왔다. 흔히들 만화가라고 하면 화려한 성공과 부를 떠올릴지도 모른다. 하지만 지나온 내 삶은 그런 것과는 거리가 멀었다. 돌이켜보면 성공보다는 실패가, 풍요보다는 가난이, 환호보다는 침묵이 훨씬 더 많았던 시간이었다.

 '누구 시리즈'를 통해 풀어놓는 나의 이야기는 세상의 박수갈채를 받은 위대한 예술가의 이야기가 아니다. 오히려 수많은 좌절 속에서도 붓을 놓지 않았던 한 인간의 지난한 여정, 버거운 현실 속에서도 꿈을 포기하지 않았던 한 늙은이의 고백록에 가까울지도 모른다. 또 수없이 거듭된 실패담이자 동시에 소박한 승리담이다. 비록 세상이 알아주지 않을지라도, 지난 61년간 한 번도 포기하지 않고 오직 만화만을 그려 왔다는 사실 하나만으로도 나는 충분히 만족하고 자부심을 느낀다. 이런 나의 이야기가 지금 이 순간에도 자신만의 길을 걷고 있는 수많은 이들에게 작은 위로와 용기가 될 수 있다면, 내겐 더할 나위 없는 기쁨이 될 것이다.

  한 젊은 창작자는 내게 이렇게 물었다. 창작 활동을 하다 보면 누구나 슬럼프를 겪을 텐데 영감도 아이디어도 고갈되고 멈춰선 것 같은 강박이 들 때는 어떻게 하느냐고. 61년 한길만을 걸어온 만화가이니 무슨 대단한 슬럼프 탈출기나 비범한 노하우가 있을 줄 기대하고 물었을 그에게 나는 이렇게 답했다.

  "그냥 놀아!"

  싱거운 대답 같지만 그럴 때는 그냥 노는 것 이상 좋은 게 없다, 적어도 내게는. 그것이 어쩌면 내가 61년 동안 만화를 놓지 않을 수 있었던 비결인지도 모른다. "왜 안 떠오르지? 왜 이것밖에 안 되지?" 스스로 들볶아 봐야 영감엔 무뎌지고 좌절감은 예민해지는 강박에 시달릴 뿐이다. 이런 게 바로 61년 만화 그리며 터득한 나의 소박한 노하우랄까. 하다못해 이런 것이라도 내 이야기가 젊은 창작자들에게 작은 위로가 될 수 있다면 그것으로도 충분하다.

　내가 지금까지 포기하지 않고 61년 동안 만화를 그려 올 수 있었던 것은 무엇보다 만화를 사랑했기 때문이다. '천재는 노력하는 사람을 이기지 못하고, 노력하는 사람은 즐기는 사람을 이기지 못한다.'는 말도 있지 않던가. 나는 비록 만화에 천재는 아니었을지 몰라도 그 누구에게도 뒤지지 않을 만큼 만화를 사랑했기에 그만큼 더 노력할 수 있었고, 그랬기 때문에 지치지 않고 지금까지 올 수 있었다고 생각한다.

　만화에서만큼은 나는 아직도 하고 싶은 게 더 많다! 앞으로도 하고 싶은 만큼 더 노력하고 더욱 즐기는 만화가 이해경이 되기를 바란다. 그리고 나의 이런 모습이 누군가의 이정표가 되면 좋겠다.

2025년 커피 향과 음악 소리 가득한 작업실에서
이해경

## 차례

**여는 글  61년 만화의 길을 돌아보며**　　　　　12

운명보다 강하고 숙명보다 깊은　　　　　19

만화가는 되고 싶지만 베끼는 건 싫어　　　　　24

나의 낭만 시대　　　　　29

조용한 비상　　　　　35

떠돌이 문하생　　　　　37

배신에 울고 돈에 울고　　　　　44

다시 일어서는 용기　　　　　47

승부의 정석　　　　　53

| | |
|---|---|
| 고통이 키운 희망 | 56 |
| 서점에 가고 싶어서 | 59 |
| 미라 화실 | 65 |
| 새로운 이름 | 71 |
| 가난한 날의 초상 | 74 |
| 세상을 향한 출사표 | 80 |
| 무학의 반란 | 85 |
| 잠들지 못하는 여자 | 93 |
| 공주는 괴로워 | 101 |
| 상추 누나 | 104 |
| 만화계 대장이 되다 | 110 |

?

## 운명보다 강하고 숙명보다 깊은

나의 이야기를 시작하려면 먼 옛날로 거슬러 올라가야 한다. '지금으로부터 약 70년 전이었지.'로 시작하면 얼마나 고루하고 재미없는 시작일지 잘 안다. 만화든 소설이든 극적인 장면부터 시작해야 독자의 구미를 당길 수 있다는, 실패 없는 방법이란 것도 잘 알고 있다. 내 생에도 극적이고 흥미로운 장면들로 시작할 수 있는 여러 지점이 있다.

그러나 내 생의 그 어떤 빛나는 순간이나 가슴 치는 사건도 그 시작의 순간을 먼저 이야기하지 않으면 아무것도 설명할 수가 없다. 성경에서 야곱이 바로 왕 앞에서 '아주 험악한 세월을 살았다.'며 자신의 130년 생을 기술했듯 내 생은 그렇게 써내려 가야만 할 것 같다. 내 길고 험악한 생을 여기까지 이끈 운명, 그것에 대하여.

나는 1951년 12월 25일에 태어났다. 크리스마스가 생일인 사람의 운명은 어떻게 흘러갈까. 창작자의 입장에서 상상해 보면 어쩐지 몹시 힘겹고 외로운 생을 살 것만 같은 느낌이다. 마치 예수의 생애처럼. 전쟁 직후라 전쟁의 상처와 가난을 짊어지고 살아야 하는 사람들에게 크리스마스는 별다른 의미가 되지 못했다. 그래도 해마다 내 생일을 챙겨 선물을 주시던 낭만적이고 다정한 아버지의 기억이 있어서 참 좋다.

가난한 시절이었지만 그래도 여덟 살까지 내 유년 시절은 그리 어렵지 않았다. 그 시절 대개의 가족이 그렇듯 할아버지, 할머니, 큰아버지, 큰엄마, 삼촌까지 모두 한 지붕 아래 모여 사는 대가족이었다. 아버지는 철도공무원이셨고 큰아버지(후에 쌍방울 초창기 설립자)는 일본서 익혀 온 기술로 당시 '싱거 재봉틀' 가게를 크게 운영하셨던 기술자였다. 누군 과거에 금송아지 안 가진 놈 봤냐는 말이 있지만, 내 생에 가장 풍요로운 시절이었다.

전쟁 중이라 부산에서 집칸이나 있는 사람들은 모두 피난민들에게 의무적으로 방을 내줘야만 했다. 우리 집도 예외는 아니어서 집안은 늘 피난민으로 북적거렸다. 그들은 세상일에 밝았고 소아마비라는 신종 병명도 잘 알고 있었다.

"석탄안… 백탄안… 타는데 연기만 퐁퐁 나고요… 이내 가슴 타는 데엔 연기도 퐁퐁 안 나누나…."

"얼씨구 잘한다!"

"고놈, 참 영특하네. 그 백탄가는 어디서 배웠노?"

"할머니."

내가 사람들 앞에서 소리 한 자락을 멋들어지게 불러 대면 할머니는 더없이 자랑스러워하셨다. 나는 어디서나 수줍어하지 않고 사람들 앞에 나서기를 좋아하는 명랑한 아이였다. 그런 손주가 소아마비라는 듣도 보도 못한 신종 병에 걸렸으니 할머니는 얼마나 애가 닳으셨을까. 여덟 살이 될 때까지 양방 한방 가리지 않고 온갖 치료에 전국 팔도 안 가 본 곳이 없었다.

그러나 소아마비란 병을 고칠 수는 없었다. 한국 주재 스웨덴 병원이라는 곳에서는 내가 스무 살까지 살 수 있을지도 의문이라는 진단을 내려 온 가족을 낙심케 했다. 그날로부터 나의 방치된 삶이 시작되었다.

그 무렵 아버지의 병도 깊어졌다. 원인 모를 이유로 뼈가 점점 썩어 들어가는 병이었는데 아버지 나이 32세 되던 해 한쪽 다리를 절단해야 할 만큼 악화되었다. 아버지는 그 당시 마취를 하지 않고 뼈를 깎는 수술을 해야만 했는데 전쟁통에나 겪을 법한, 도저히 상상할 수도 없는 고통을 겪으셔야 했다.

아버지가 입원해 계시던 부산 초량의 '박기출 병원', 어린 나는 난생처음 보는 반들반들 윤이 나는 드넓은 병원 마루를 신나서 기어 다녔다. 마루며 계단에 초를 칠해 간호사들이 뒤로 벌렁벌렁 나자빠지는 모습을 보며 깔깔대던 대책 없는 장난꾸러기였다.

그러다 지치면 병실 문을 강아지같이 밀고 들어가 밀랍같이 하얀 아버지의 얼굴을 말갛게 바라보곤 했다. 젊디젊은 날에 겪어야 했던 아버지의 그 절망을 이해하기엔 그때 나는 너무 어렸다.

아버지는 잘생기고 신체도 튼튼한 멋쟁이에다 철도원이라는 좋은 직장 때문에 결혼 전엔 아버지를 흠모하는 여자들이 많았단다. 집안 어른들끼리 혼약을 해 버리자 아버지를 따르던 여자들 중에 어떤 이는 자살을 시도하기까지 했다고 하니 그야말로 화양연화 같은 청춘이었다. 너무 아름다웠던 청춘이라서 더 그랬을까. 아버지는 운명 같은 장애를 끌어안고 평생 방황하셨다.

때때로 아버지는 다섯 살배기 동생의 등에 봇짐을 지우고, 바지 한 자락 펄럭이며 상이군인 행세를 하면서 전국 방방곡곡을 헤매 다녔다. 그러다 어디선가 돈이 떨어졌다는 전보라도 날아오면, 보내줄 그 무엇도 없던 어머니는 시집올 때 해 온 이불솜마저 뜯어다 팔아 돈을 부치시곤 했다. 나는 그런 아버지를 도무지 이해할 수 없었다.

누구나 자기 손톱 밑에 가시가 제일 아픈 법이다. 장애를 운명처럼 맞닥뜨린 아버지와 나는 서로 그 운명을 대하는 방식이 너무 달라서 평생 많이도 싸웠다.

어느 날 갑자기 한쪽 다리를 잃고 목발에 의지하는 신세가 된 아버지. 아버지는 그런 자신의 현실을 그대로 받아들이기 싫어했다. 세상 고통을 혼자 떠안은 사람처럼 그렇게 절망 속에 괴로워하며 사셨다.

"와예? 와 그랍니꺼 예? 난 두 다리 다 못 쓰는 병신 아닙니꺼. 그래도 씩씩하게 사는데 아버진 겨우 다리 한쪽 갖고 그랍니꺼. 와예? 와 그랍니꺼?"

젊은 날 내가 아무리 대들어도 아버지는 별다른 대답을 하지 않았다. 아버지는 평생 고통 속에 방황하다가 54세, 너무 이른 나이에 생을 마감하셨다. 아버지도 만약 나처럼 '숙명적인' 일을 만났다면 절망에서 구원받으셨을까.

운명이 앞에서 날아오는 돌이라면 숙명은 뒤에서 날아오는 돌이라던가. 장애가 내겐 앞에서 날아오는 돌인지 뒤에서 날아오는 돌인지 모르겠지만, '만화'는 명백히 뒤에서 날아오는 돌이 아니었을까 싶다. 장애는 될 수 있는 한 피하고 싶은 돌이었다면 만화는 어디서 날아오는 돌이든 기꺼이 맞고 싶은 돌이었다.
그러니까 만화는 내게 운명보다 강하고 숙명보다 깊은, 바로 그런 것이었다.

## 만화가는 되고 싶지만 베끼는 건 싫어

**?**

　내 어린 시절에 만화는 푸대접받았다. 책 취급조차 받지 못하는 것이 만화책이었다. 아이들이 만화방에 가면 부모가 와서 한사코 끌고 나오던 시대였다.
　그런데 우리 집은 달랐다. 아버지는 만화를 많이 빌려다 보셨다. 다리를 절단하고 집에 계시게 되자 더 열심히 만화책을 보셨다. 내가 순정 만화보다 액션 만화나 전쟁 만화를 더 많이 보게 된 건 다 아버지의 영향이었다. 어머니는 일본에서 여학교를 다닌 신여성이었는데 미키마우스 등 한국보다 앞선 만화를 보고 성장한 덕에 만화에 대한 이해도가 무척 높으셨다. 게다가 어머니는 그림에 소질이 있었는데 어머니의 유전자를 물려받은 덕인지 나뿐만 아니라 다른 동생들도 모두 그림 그리기를 좋아했다. 그런 가정환경에서 만화는 내게 너무 자연스러운 것이었고, 초등학교 3일이 학벌의 전부인 내게 만화는 더없이 훌륭한 교과서였다.

"이게 라이파이라는 만화다."
"라이파이?"

검은 두건을 쓰고 망토를 펄럭이며 하늘을 날아다니는 주인공이 굉장히 멋져 보이는 만화책이었다. 글을 읽을 줄 모르지만 나는 그 만화책이 너무 좋아서 수없이 반복하며 보고 또 보며 눈 속에 담았다.

"야는 만화책 한 권 들고 뭐하노? 해 저물겠다. 다른 애들도 봐야지. 빨리 봐라."
"미라는예, 글을 모릅니더."(내 본명은 이미라다)
"글자도 모르면서 만화방엔 와 오노."

순간 만화를 보던 아이들의 시선이 일제히 내게로 쏟아졌다. 따가운 시선에 어쩔 줄을 모르던 내 등줄기에선 어느새 식은땀이 흘렀다. 사촌의 등에 업혀 난생처음 가 본 만화방에서 나는 처음으로 글자를 모르는 부끄러움을 느꼈다.
그래서 열 살 되던 해, 한 달간 과외지도를 받았다. 그 당시는 중학교도 입시제도가 있어 초등학생들의 과외가 일반화되어 있었다. '정자 아버지'라 불리던 과외 선생님은 중학교 교사로 재직 중 인민군에 끌려갔다가 7년 만에 남한으로 돌아와 자수했으나 복직하지 못하고 아이들 과외를 하게 된 복잡한 사연을 가진 사람이었다. 선생님은 내 나이에 맞게끔 특별히 잘 가르쳐 주셨다. 10일 동안은 1학년, 다음 10일은 2학년, 그리고 마지막 10일은 3학년. 이렇게 전부 30일 동안 3학년 과정을 떼고 비로소 한글을 터득하게 되었다. 드디어 나도 만화책을 읽을 수 있게 되었다!

"아야, 이게 뭐꼬?"
"만화책인데예."
"이거 니가 지어낸 이야기가?"
"예."
"세상에 이것 좀 보소. 미라 아버지요. 야가 만화책을 만들었네요. 60페이지나 되네. 마, 천재다 천재!"

끊임없이 만화만 보던 그 시절 소파 방정환 선생님의 동요 '3형제의 별'을 각색하여 60여 쪽가량의 만화책으로 만들어 보았는데 그걸 보신 부모님이 감탄에 감탄을 하셨다. 만화를 읽고 있으면 재미가 있을 뿐 아니라 '나도 할 수 있다!'는 자신감과 더불어 여러 얘깃거리가 떠올라 가만히 있을 수가 없었다. 알프스 소녀 하이디를 만화화해 보기도 했고 '아름다운 우정'이란 제목으로 나와 동네 친구들을 주인공으로 한 만화를 지어 보기도 했다. 지금 보면 너무나 형편없겠지만 그 당시엔 자신만만하게 해 본 작품들이었다.
자식의 소질을 알아차린 어머니는 그 당시 부산에 살고 있던 유명한 만화가를 찾아다니기도 하고 신문사에 찾아가 보여 주기도 하셨다. 딸이 장차 만화를 그려서 먹고살 수 있을지 알아보기 위해서였다. 60년대 액션 만화의 대가인 오명천 선생님과 토니 장 선생님도 그때 만났다. 장애가 있는 딸의 장래를 걱정한 어머니의 열성이었다.

"열세 살치고는 잘했네."
"앞으로 만화가가 될 소질이 있능교?"
"네, 만화가는 공부를 많이 해야 하니까, 영화도 많이 보여 주시고 책도 많이 읽도록 해 주세요. 스무 살 정도 되면 만화가가 되겠네요."
"고맙습니더, 선생님."

그 후 어머니는 어디를 가시든지 내가 볼 만한 것이면 뭐든 집어다 주셨다.

"이건 선생님이 추천한 책인데 이 만화를 그대로 보고 베끼면 공부가 된다카더라. 내가 어렵게 구했으니까 그대로 보고 그려라."

어머니는 '교실'이란 제목의 만화책을 내 앞에 내놓으셨다. 그러나 나는 지금도 그렇지만 누구의 만화를 보고 그리는 걸 죽기보다 싫어했다. 어쩌다 보고 그린다 해도 손이나 발, 사물 같은 것만 보고 참고만 했지 모든 걸 내 맘대로 그렸다. 그 어린 나이에도 자기만의 독특한 색깔을 얻는 것이 가장 중요하다는 걸 본능적으로 알고 있었던 거다.

어머니 성화에 몇 장은 따라 그려 봤지만 정말 하기가 싫어 이내 그만두었다. 아버지는 그걸 보시고 호되게 꾸지람을 하셨다. 아버지 눈엔 아마도 어린것이 제 고집대로 꾀를 부리는 것으로 보였던가 보다. 그래도 난 고집을 꺾지 않았다. 화가 머리끝까지 난 아버지는 내가 그려 놓은 몇 장의 그림과 만화책을 양철 쓰레받기 위에 올려놓고 불을 질렀다.

나는 화난 아버지가 무서워 눈물을 줄줄 흘리면서도 시뻘겋게 타오르는 불꽃을 보며 속으로는 묘한 쾌감을 느꼈다. 그게 그렇게 시원할 수가 없었다. 마치 구속에서 자유를 얻는 기분이었다.

## 나의 낭만 시대

닥치는 대로 책을 읽던 시절, 『학원』이라는 잡지 한 권을 어머니가 갖다준 후 내 독서의 방향이 달라졌다. 그동안 나이에 맞지도 않는 잡다한 책을, 심지어 포르노 잡지까지 무조건 읽어 댔는데 『학원』은 그야말로 내 수준에 딱 맞는 책이었다. 잡지라 여러 가지 볼거리도 많고 간간이 책 광고 같은 것이 나에게 필요한 정보가 되기도 했다. 내게 맞는 독서의 방향을 알게 된 후 관심이 있는 모든 분야의 책들을 섭렵해 허기진 배를 채우듯 읽어 댔다. 앞집의 누구 뒷집의 누구, 혹은 먼 동네의 누구든 나와 연결되는 모든 사람들에게 책을 빌려 읽기도 했다.

그러나 나는 책만 파고드는 폐쇄적인 성격이 아니었다. 길가로 난 우리 집 방문을 거의 사시사철 열어 두다시피 하며 지나가는 사람들을 붙들고 대화하며 또 다른 배움의 열정을 불태우곤 했다.

1년 열두 달 동안 우리 집 방문이 완전히 닫히는 시기는 가장 추운 1월 무렵뿐. 당시 어머니는 진주 이모집에 일하러 가서 한 달에 한 번 정도 내려오셨다. 아버지 또한 진주와 부산을 왕래하며 장사를 하셔서 집에는 할머니의 보호 아래 늘 나와 동생들뿐이었다. 그래서 어른들 눈치 보지 않고 다양한 사람들이 자유롭게 드나들며 대화할 수 있었다. 그저 노는 게 반이었지만 논다는 것, 그것 자체가 내게 공부가 되는 경험이었다.

학생도, 공장에서 일하는 노동자도, 할 일 없이 빈둥거리며 시간을 축내는 건달도 그들이 전해 주는 얘깃거리는 내가 전혀 알지 못하는 세계의 흥미로운 간접 경험이었다. 다양한 사람들과 막힘없이 대화할 수 있으려면 다방면으로 잡다한 지식이 필요했다. 그래서 일간 신문도 열심히 읽으며 세상 돌아가는 일에 늘 관심을 기울였다.

내가 그렇게까지 했던 모든 이유는 반드시 만화가가 되어야 한다는 각오 때문이었다. 가난하니까 가난을 극복할 수 있는 유일한 방법은 열심히 그림 공부해서 만화가가 되는 것뿐이라고 생각했다. 낮에는 그렇게 사람들을 만나고 밤에는 잠 안 오는 약을 먹어 가며 만화를 그리고 책을 읽었다. 그렇게 10년 동안 잠 안 오는 약을 먹었다.

나는 대개 눈에 보이지 않는 환상의 것들을 사랑했다. 앙드레 지드의 작품 〈전원교향곡〉의 자크라든가, 그 당시 영화를 많이 보러 다니며 영화 주인공들을 사랑하기도 했다. 그중에서도 팝가수 '클리프 리차드'를 가슴 저미도록 사랑했다. 머리카락을 깨끗이 하는 여자를 좋아한다는 그의 인터뷰 기사를 읽고 부지런히 머리를 감곤 했다. 그 시절 일기장을 들추어 보면 빛바랜 그의 사진이 아직도 군데군데 붙어 있다. 현실에선 비록 이루어질 수 없는 사랑이지만 완벽한 사랑의 이상만으로도 나는 충분히 행복할 수 있었다.

사람들과 있을 땐 마냥 웃고 떠들면서도 마음 깊은 곳엔 언제나 혼자만의 사랑을 비밀처럼 간직하고 있었다. 나만의 아름다운 비밀을 가지고 있다는 것은 참 신비로운 일이었다.

"니 어떻게 생각하노? 라디오를 팔고 싶은데. 니가 그 라디오를 애지중지하는 건 안다. 장사 밑천이 없으니 그거라도 팔아서 뭐라도 해 볼라꼬 하는데 다음에 더 좋은 거 사 줄게 팔자, 잉?"

나는 아직도 내 친구 같은 라디오를 팔아야만 했던 그때를 가슴 아프게 기억한다.

어느 날 어머니는 대뜸 내 라디오를 팔자고 하셨다. 내게 라디오는 세상과 소통하는 통로이자 지식의 보고였다. 음악은 나를 숨 쉬게 하는 내 영혼의 산소였는데 그것을 팔자는 것이다. 전기를 꽂으면 언제든 내가 좋아하는 음악이 흘러나오고, 중간광고마저 외우다시피 할 만큼 내 빨간 트랜지스터라디오는 내게 너무 소중한 것이었다.

어머니는 내 라디오를 팔아 기어이 떡 장사를 시작하셨지만 결국 열흘도 채 못 되어 라디오값만 날리고 말았다. 그 후 다시 라디오를 얻기까지 6년이란 긴 시간 동안 음악을 그리워하는 목마

름을 견뎌야만 했다.

　라디오가 없는 동안은 라디오 소리가 나는 옆집 벽에 귀를 대고 라디오를 들었다. 한때는 전파상에서 집집마다 스피커를 달아 들려주는 음악을 들으며 음악에 대한 갈증을 채우기도 했다. 지금도 음악이 없는 삶을 나는 감히 상상할 수도 없다.

　사라사데의 '지고이네르 바이젠'을 듣고 정신이 혼미해지도록 감동한 나는 한때 바이올린이 갖고 싶어 남 몰래 속앓이를 한 적도 있다. 바이올린을 구경이라도 해 봤으면 소원이 없을 것만 같은 신열 같은 바람이었다. 그렇게 음악은 내 삶을 그림자처럼 따라다니며 내 감성이 시들해질 때마다 소생시켜 주곤 했다. 나는 하루 두 끼만 밥을 먹더라도 독서는 해야 했고, 하루 한 끼만으로 살아도 음악은 들어야 했다. 아니, 어쩌면 굶더라도 독서와 음악을 선택했을 것이다. 독하게 공부했고, 사춘기 시절 몇 년간 한 발짝도 문턱을 넘어 보지 못한 폐쇄된 공간 속에서도 마음은 언제나 날개를 달고 온 세계를 날아다녔다. 그것이 바로 내 인생의 낭만이었다.

　책으로는 열심히 공부했지만, 책만으로는 충분하지 않았다. 책 속에 있는 것 말고 내가 직접 보고 만지고 느끼는 경험이 필요했다. 그러나 단 한 발자국도 움직일 수 없는 현실이 나를 슬프게 했다.

　어느 날엔가 동생이 의자를 밖에 내놓고 나를 업어다 앉혀 주었다. 그러자 동네 친구들이 와서 내 주위에 모여 놀았다. 나도 즐거웠다. 그러나 아이들이 하나 둘씩 집으로 돌아가 버리자 나 혼자만 남게 되었다. 길가에 우두커니 앉아 있는 나를 보고 지나가는 사람이 집에 데려다주려고 했으나 괜찮다고 했다. 한번 집에 들어가면 다시 나오기 힘들 뿐더러 아이들이 다시 놀러 나올지도 모른다는 기대감 때문이었다. 그러나 아무리 기다려도 아이들은 다시 나타나지 않았다.

 11월의 저녁은 어둠이 빨리 내려앉았고 밤공기도 순식간에 차가워졌다. 나는 그 어둠 속에서도 여전히 나와 놀아 줄 아이들을 기다렸다. 밤이 깊어지면서 하얀 눈발이 먼지처럼 흩날렸고 추위는 내 작은 몸을 더욱 움츠리게 했다. 멀리 사람들의 소리가 간혹 들렸지만 끝내 도와 달라고 하지 않았다. 마치 스스로 인내심을 시험이라도 하듯 추위에 석고같이 굳어 가면서도 거기 그렇게 앉아 있었다.

"아이구, 야가 너 언제부터 거기 앉아 있었노? 참말로 내가 못 산다!"

 밤늦게 좌판을 덮고 돌아오신 어머니가 그런 내 꼴을 발견하고 탄식하셨다.
 그 후 어머니는 할 수 있는 대로 최대한 나를 밖에 데리고 나가 무엇이든 내게 보여 주려고 하셨다.

"둥둥, 두둥~"
"엄마, 저 오빠들 와 저라노?"

"정치하는 사람들이 나라 살림을 엉터리로 하니 화가 나서 데모 안 하나. 애꿎은 학생들이 또 얼마나 죽을라꼬."
"앗! 엄마 저기 숙희 오빠다."
"저런 우짜겠노."

이승만 대통령의 대형 초상화를 큰 차에 매달고 북을 치듯 두드리며 전찻길을 따라 수많은 시민과 학생들이 구호를 외치며 행진을 했다. 어머니는 초량역 앞에 있던 헌병대의 낮은 울타리에 나를 앉혀 놓고 4.19 행렬을 보여 주었다.

"니가 만화를 잘 그리려면 많은 걸 봐야 한다. 지나가는 택시도 보고 전차도 보고. 많이 봐라!"

어머니 덕분에 나는 4.19의 그 역사적인 행렬도 직접 목격할 수가 있었다. 그리고 바다든 산이든 어디든 나를 업고 다녀 준 동생들 덕분에 나로선 볼 수 없었을 많은 것들을 직접 볼 수 있었다.
굶주린 듯 책을 읽고, 손으로 만져질 수 없는 환상 속의 연인들을 뜨겁게 연모하고 음악으로 영혼의 춤을 추고, 끊임없이 무언가를 직접 보고 만지며 배우고 싶어 했던 나의 낭만 시대.
이제는 돌아갈 수 없어서 아름다운 그 시절이 내 안에 그리움으로 남아 있다.

## 조용한 비상

1967년 6월, 우리 식구는 부산 초량을 떠나 진주로 이사를 했다. 태어나 열일곱 해를 살았고 숱한 절망과 고뇌 속에 진정한 나를 찾기 위해 끈질기게 노력했던 그곳, 모든 사물이 나의 공부가 되어 주었던 그곳을 우리 식구들은 훌훌 떠나온 것이다.

진주로 온 후 두고 온 것들이 보고 싶어 한 달간이나 남몰래 울었다. 그 후론 이상하게도 장소에 대한 미련 따위는 없어졌다. 두고 온 사람들에 대한 그리움도 겉으로 드러내지 않았고 고향 같은 부산으로 돌아가고픈 회귀 본능도 점차 희미해졌다. 진주를 떠나 서울로, 서울서 또 진주로, 또 서울로, 대구로, 그렇게 몇 년에 거쳐 자주 이사를 다녔으나 부산을 떠날 때 가슴 찢어지던 그 아픔 이후로는 어떤 장소에도 연연해하지 않게 되었다.

모든 걸 가슴에 묻어 두는 연습을 하게 된 것 역시 그때부터였다. 눈에 보이는 것은 늘 변하지만 내 마음에 깊이 새겨진 사랑과

추억은 내가 버리지 않는 한 영원히 가슴에 남아 있기 때문이다.

 길가에 문이 나 있지도 않았고, 사람들이 찾아오지도 않아서 1969년쯤 서울로 오기까지 2년 6개월 동안 나는 바깥 세계와 단절된 생활을 해야만 했다.
 그렇다고 해서 내가 해야 할 일, 하고 싶은 일을 포기하고 살 만큼 어리석지는 않았다. 2년 반 동안 우리는 이사를 세 번 했는데 가난했던 탓에 늘 문간방에 세를 들었다. 나는 동생들을 시켜 안집에 책이 있는지 살펴보게 한 다음 이사 가는 집마다 다시 그 집을 떠나올 때까지 안집의 책을 모조리 다 빌려 보았다. 마침 가는 집마다 학교 교사가 살았고 대학생이 있었던 관계로 전집류를 비롯해 많은 책을 빌려 볼 수 있었다. 장식용처럼 꽂아 놓은 채 다 읽지 못하는 게 전집류지만 나는 오히려 빌려 보는 입장이라서 그런지 다 읽을 수 있었다.
 쉽든지 어렵든지 온종일 독서하는 날이 많았다. 여전히 만화 그리는 작업도 부지런히 하였고 때때로 영화를 보러 가는 것도 잊지 않았다. 내 소유의 라디오도 있어 오디오만큼 흡족하진 않았지만 음악은 나를 더욱 고양시켰다.
 내 정신세계는 조용한 가운데 어느덧 비상을 꿈꾸고 있었다.

## 떠돌이 문하생

내게도 휠체어가 생겼다.

1968년쯤 고종사촌 오빠가 휠체어를 구해다 주었다. 휠체어 미는 법을 힘겹게 터득한 동생은 어디든 나와 동행해 주었다. 늘 밖으로 향했던 나의 소망이 휠체어 덕분에 이루어지게 되었다.

그동안 줄기차게 만화 원고를 서울로 보낸 끝에 당시 만화가협회 회장이던 김정파 선생님이 나를 문하생으로 불렀다. 동생 미선이는 나를 업고, 어머니는 이불 보따리와 큰 가방 하나를 들고 아버지와 함께 서울행 밤 기차를 탔다.

내 원고가 장래가 있어 보이니 맡아서 만화가로 데뷔시켜 주겠다는 김정파 선생님의 약속을 믿고 그렇게 부모님은 나를 데리고 서울로 올라오셨다. 지금 생각해도 김 선생님의 파격적인 결단은 여전히 큰 감동이다.

중학교 2학년을 다니다 등록금이 없어 휴학하고 있던 동생 미선이까지 고등학교를 보내 주겠다는 제안이었으니 그만큼 내 실력이 인정받은 셈이었다.

　서울로 향하는 밤 기차를 타고 가면서 차창 밖으로 새벽이 오는 모습을 뜬눈으로 바라보았다. 12월이라 바깥과의 온도 차이로 뿌예진 차창 유리에 손가락으로 가만히 선을 그으며 '설국'이란 소설의 첫 장면을 떠올렸다. 설레고도 두려운 시작이었다.

　김 선생님은 나이가 우리 아버지와 비슷한 40대 후반이었고 늦게 결혼한 탓에 일곱 살 남자아이와 네 살 여자아이가 있었다. 아내는 매우 교양이 있어 보이는 미인이었다. 두 부부 모두 키가 아주 작은 사람들이었다. 어머니는 일본말로 인형 같다며 내 귀에 대고 속삭였다.

　선생님이 우리를 데리고 들어간 집은 무척이나 큰 2층 양옥집이었다. 그분들이 사는 집은 반지하였고 우리 두 자매에게는 2층에 있는 작은 방 하나를 세내어 주었다. 그곳에서 생활을 시작한 한 달 후, 1970년의 새해가 밝았다. 나는 9개월 동안 그 조그만 방에서 숱한 생각을 하며 지냈다.

　처음 내가 한 일은 선생님이 써 주는 스토리에 따라 데생을 하는 일이었다. 선생님은 내게 스토리 쓰는 법을 가르쳐 주었다. 내게는 처음이자 마지막 선생님이었다.

　김 선생님은 50, 60년대엔 인기 있는 만화가였으나 내가 갈 그 당시엔 인기가 거의 사그라들고 있었다. 씀씀이가 커서 돈을 모으지 못하는 탓에 늘 궁핍을 면하지 못하는 상황이었다. 그래도 내가 믿었던 것은 여름방학 이후에 미선이를 학교에 보내 주기로 한 약속이었다. 그것이 내 뒷바라지하는 동생을 향한 유일한 나의 보답이었다.

나는 열심히 그림을 그렸고 스토리 공부도 쉬지 않았다. 20년 만에 처음으로 집을 떠나 선생님에게 지도를 받는 터라 늘 긴장한 탓인지 깊은 잠을 이루지 못했다.

선생님은 매우 상냥하고 따뜻한 성격을 갖고 있었다. 그는 봄이 가고 여름이 무르익을 때까지 꾸준히 내가 쓰는 스토리를 지도해 주었다.

그의 어머니가 간암으로 병원에 입원하는 우환이 생긴 이후로 선생님은 좀처럼 스토리에 집중하지 못하게 되었다. 내가 쓴 스토리로 데생을 하면 펜 터치하는 총각이 그것을 가지고 가서 작업하였다. (나는 그 총각을 한 번도 보지 못했다) 그것으로 원고료를 받아 생활했으나 여름이 가까워지면서 먹고사는 문제는 더 심각해졌다. 선생님 모친의 병원비로 원고료가 지출되면서 미선이의 학교 진학 희망도 점점 멀어져 갔다.

쇠창살이 붙은 작은 창 하나가 내가 바깥 풍경을 볼 수 있는 유일한 통로였다. 그 창문을 통해 계절을 느끼며 지금보다 더 차원 높은 만화가가 되어야 한다고 끊임없이 되뇌었다. 만화로 돈을 버는 것만이 가난한 식구들을 위해 내가 할 수 있는 최선이었기 때문이다.

 당시 큰아버지가 정신이상으로 가출해 행방이 묘연해지자 남아 있는 큰집의 일곱 식구까지 어머니가 맡아야 했다. 큰아버지와 스무 살 차이가 나는 젊은 큰어머니가 다섯 명의 사촌을 두고 집을 나가 버렸기 때문이었다. 모처럼 잘 되던 우리 가게는 큰집에서 꾸어 온 가게 보증금을 갚아야 하는 바람에 문을 닫아야만 했다.

 그 무렵 집에서 오는 편지는 늘 우울한 것뿐이었다. 나는 남몰래 집 걱정으로 많이도 울었다. 어머니가 무작정 서울로 올라와 동두천에서 보름 동안 식모살이를 하셨을 때는 가슴이 미어지는 것 같았다. 아버지 병이 재발하여 손가락까지 또 잘랐다는 편지엔 말할 수 없이 절망했다. 그렇게 혼자서 울고 또 울면서 기필코 훌륭한 만화가가 되어야 한다는 결심을 다지고 또 다졌다.
 여름방학이 지나도 미선이의 진학은 이루어지지 않았다. 게다가 우리 자매가 기거하던 방의 방세를 지불하지 못해 그 방을 비워 줘야만 하는 상황까지 이르렀다. 그 어린 나이에 자존심 상하는 비참함을 무릅쓰고 선생님 식구가 사는 반지하 창고로 내려갔다. 말이 창고지 1층과 2층 사이 수세식 파이프로 변이 내려오는 시멘트 바닥에 공사판에서 주운 나무판자를 놓은 좁은 공간에 불과했다.

 국수 한 그릇으로 자매가 하루 끼니를 겨우 때운다는 소식에 뛰

쳐 올라오신 어머니가 그 모양 그 꼴로 지내고 있는 우리 자매를 보고야 말았다.

"마 이래 갖고는 안 됩니더. 이 파이프에서 나오는 메탄가스가 폭발하면 야들은 우째 되는교? 죽는 기라요. 이건 사람 사는 꼴이 아닌 기라요."

어머니가 그 말을 하기 무섭게 위층에서는 화장실 물소리와 함께 '텅-' 하고 변이 떨어지는 소리가 들렸다.

화장실 파이프가 연결된 창고 안에 사는 우리를 다른 장소로 옮겨 주기 위해서 어머니는 그 길로 우리 자매를 받아 줄 또 다른 만화가를 찾아 무작정 서울 거리를 헤매셨다. 내가 처음 만화를 시작했던 열세 살이 되던 해 꽤 인기 있었던 만화가 J씨가 부산서 활동하다가 서울 공항동에 살고 있다는 정보를 입수한 어머니는 무작정 찾아 헤맨 끝에 우리 자매를 그 선생님 화실에 입실시켜 주었다. J씨는 한창때의 인기를 점점 잃고 있었지만, 그의 동생들은 스토리를 쓰고 그림을 그리며 제법 돈벌이를 잘하고 있었다. 나는 그 J씨의 동생 작품에 데생을 해 주기로 하고 자리를 옮겼다.

"으아, 초가집이다. 기차 타고 가면 보이던 초가집이었는데 우리가 이런 집에서 살게 되다니."

J씨의 동생들은 화곡동에서 남자 문하생 여럿을 데리고 보편적인 지금의 만화가들처럼 화실을 세내어 만화 작업을 하고 있었다. 그 당시 화곡동은 아직도 개발이 안 된 곳이었고 공항 쪽으로 넘어가는 내발산이란 동네는 거의 논밭뿐이었다.

  지금은 민속촌에서나 볼 수 있는 초가집들이 많았다. 머리를 숙여야만 출입이 가능한 가로 세로 50~100센티미터 정도 되는 작은 문이 방문이었다는 사실에 놀랐다. 벽면이 모두 지푸라기가 묻은 흙벽이어서 계란프라이라도 할라치면 계란 위에 후두둑 흙이 떨어지는 불상사를 막기 위해 우산을 받치고 조리를 해야만 했다. 어느 날은 방문을 열어 놓고 밥을 먹다가 벽에 시커멓게 군불 땐 연기 자국을 발견하고 며칠 동안 밥을 먹지 못한 채 구토를 한 적도 있다. 깨끗한 방에서만 자라온 내겐 무척 지저분하고 혐오스러운 곳이었다.

  J씨의 만화 데생을 1년 반 동안 하면서 음악 듣는 것(음악은 그림 그리면서 들을 수 있으니) 외에 독서는 전혀 하지 못하고 계속 데생만 해야 했다. 내게는 돈을 버는 일이었기 때문이다. 발을 아랫목에 묻고 베개를 가슴에 받친 채 겨우 하루 한두 시간씩만 자면서 귀신같이 엎드려 만화 원고만 그렸다. 내 원고료는 J씨의 아내에게 든 백만 원짜리 곗돈 넣는 것과 약간의 생활비를 빼고는 거의 J씨의 장부에만 기록될 뿐이었다.

  남의 원고 데생을 해 주고 돈을 받는 준프로의 생활은 그것이

처음이자 마지막이었다. J씨의 일을 그만둔 후 너무나 돈이 필요해서 다른 만화가들의 데생을 해 줄 기회도 몇 번 있긴 했으나 번번이 실패로 끝이 났다. 데생을 맡으려면 자기들이 믿는 특정 종교인이 되어야 한다는 등 여러 조건이 붙었고 무엇보다 제일 큰 이유는 남의 일을 하기 싫어한 내 천성 때문이었다.

 끼니조차 때우기 힘들었던 가난에도 불구하고 나는 내 작품 속의 자유인이 되고 싶어 가슴이 터질 것만 같았다.

## 배신에 울고 돈에 울고

내 스물두 살의 여름이 다가올 무렵, 기어이 그 일이 벌어졌다. J씨네 일을 하는 동안 함께 일하던 사람으로부터 그의 도박과 방탕한 씀씀이에 대해 귀띔을 들은 적이 있었다. 그러나 설마 내게 그런 일이 생길 거라고는 꿈에도 생각지 못했다.

"내 데생료는요?"
"네가 부은 만큼 곗돈은 주는데 데생료는 없다. 우리도 다 망해서 가니까."

망했다는 것이 그리도 당당할 일이던가. J씨는 그 가족들과 함께 짐보따리를 꾸려서 황급히 그곳을 떠나 버렸다. 나는 그동안 일한 데생료를 고스란히 떼인 채 고작 곗돈 몇 만 원을 손에 쥐고 동생 둘과 함께 길에 나앉았다. 여동생 미선이와 함께 남동생도 고등학교 진학으로 나와 함께 서울에 머물고 있던 참이었다. 그

돈으로는 방 한 칸도 얻기 힘든 액수였다.

"내 데생료…."

난생처음 겪는 배신의 칼날은 깊고 예리하게 내 가슴을 베었다. 혼자 힘으로는 방 문턱도 넘지 못하는 처지에 어린 동생들을 끌고 어떻게 해야 할지를 몰라 창피한 줄도 모르고 대성통곡을 했다. 평생 형제에게조차 약한 모습을 드러낸 적 없고 눈물 한 방울 보인 적 없던 나였는데 그때 처음으로 가슴을 뜯고 울부짖으며 무너져내렸다.

천만다행히도 길바닥에 나앉지 않아도 된 이유는 상현 엄마 덕분이었다. 상현 엄마는 그 당시 J씨의 안채에 방 두 칸짜리 전세를 얻어 살던 30대 초반의 아줌마였다. 하루아침에 동생들을 데리고 길에 나앉게 된 내 처지가 딱했는지 우리에게 방을 내주었다. J씨로부터 받은 충격이 너무나 컸던 탓인지 그녀의 호의에 감사할 겨를조차 없을 만큼 내 머릿속은 텅 비어 있었다.

상현이네와는 5년 동안 같이 살면서 여러 번 이사를 했다. 상현 엄마는 언제나 독채 전세를 얻어 문간방은 우리가 사용하도록 했다. 상현 엄마는 집을 옮길 때마다 항상 좋은 집을 구했다. 그것도 능력이면 큰 능력일 것이다. 집터보다 더 넓은 뜰엔 잔디와 키 작은 회양목이 울타리처럼 둘러 있고 맑은 연못에는 붕어가 있는 집. 또는 향기로운 덩굴장미가 대문을 아름답게 휘감은 낭만이 있는 집들이었다. 그러나 상현이네는 변변찮은 가구 하나 없이 그 넓은 거실을 시골의 대청마루처럼 우리와 공유했다.

 사는 집이 아무리 호화로워도 내 마음은 여전히 남루하기만 했다. 글을 깨친 후 만화를 읽었고, 그 만화가 좋아 만화가가 되기로 했던 내 10대의 그 아름다운 이상과 꿈이 J씨로 인해 산산이 부서져 버렸고 나는 그 상처에서 한 걸음도 나오지 못한 채 어디에도 마음을 두지 못했다.

## 다시 일어서는 용기

"네 합격을 축하한다. 여기 선물 사 왔다."
"선물이라고예? 뭔데예?"
"만년필하고 전기스탠드다. 만화가협회 정식 회원이 됐으니까 좋은 스토리 쓰려면 좋은 만년필이 필요하고, 또 전기스탠드로 불을 밝게 해야 그림도 잘 그리겠제. 넌, 눈도 나쁘니까. 하하하!"

아버지는 밝게 웃으며 선물 꾸러미를 내놓았다.

그랬다. 1973년 한국만화가협회 회원 시험을 치루고 합격을 했다. 난생처음 시험이란 것을 쳐 봤다. 논문과 상식 필답고사와 키신저 캐리커처, 그리고 자기 작품 몇 장과 국기를 그리는 것이 시험이었다. 그러나 논문이라는 거대한 과제 앞에 나는 당황하지 않을 수 없었다. 그동안 내가 알고 있는 지식이라는 것은 소설과 시를 읽고 영화를 보고 음악을 들어 얻은 것뿐이었는데 논문이라니!

마침 'Young 840'이란 라디오 프로그램을 통해 알게 된 김현승 시인의 딸과 그동안 몇 번의 편지를 주고받았던 터라 그녀에게 도움을 구했다. 그녀는 자기 아버지의 서재를 뒤져서 구한 여러 논문집 모음을 빌려주었고 나는 그것으로 예비 공부를 했다.

태어나 처음 치러 보는 시험은 또 어떻든가. 문제지를 앞에 놓고 어찌해야 할지를 몰라 막막했다. 질문의 요점을 도무지 이해할 수가 없었다. 진땀을 뻘뻘 흘리며 2시간이 어떻게 지나갔는지 정신이 하나도 없었다. 너무나 지루하고 긴 시간이었다. 지금은 만화에 관심이 있고 개인적으로 작품을 몇 번 발표한 사람이면 쉽게 가입이 가능하고 회원이 될 수 있지만, 그때는 만화가협회 회원이 되려면 그런 시험을 통과해야만 했다.

침묵 속에 멈춰진 듯한 생활 속에서 찾아낸 돌파구가 바로 만화가협회 회원이 되는 것이었다. 그것이 만화가로서 사회에 내딛는 첫 단계라는 생각에 겁 없이 시험에 도전한 것이었다. 그리고 또 다른 도전을 이어 갔다.

"언니야, 언니 작품이 예선에 들었다 하네."
"예선에?"
"응, 여기 봐. 통지가 왔다. 수많은 작품이 들어왔는데 여덟 명이 예선에 뽑혔대. 그런데 여자는 언니 너 혼자뿐이다. 언니 넌, 이제 정식 만화가가 되는 기라!"
"본선에 들어야지, 네 명밖에 안 뽑는다니까."

"그럼 1대 1이다. 그까짓 한 명쯤 떨가삐라. 엄마 아버지에게 전화해야지."

"그만둬라. 완전히 결정난 것도 아닌데 뭐 그리 좋아하나."

"뭐라카나. 언니는 예선 통과가 어딘데, 엄마 아버지가 얼마나 기뻐하겠노."

동토의 계절엔 얼어붙은 땅 밑에서 어떤 일이 진행되고 있는지 아무도 모른다. 쉽사리 봄이 올 것 같지 않지만 봄은 다시 오고 세상의 모든 생물들이 동면에서 깨어나는 것은 더 나은 삶을 준비하기 위해서이다.

아무 소득이나 눈에 띄는 활동은 없었지만, 밤마다 화판에 코를 박고 골몰했던 건 스스로를 너무 사랑해서 어떤 경우에도 포기할 수 없는 분명한 목표가 있었기 때문이다. 작은 일 하나라도 놓치지 않고 붙들어야 했다. 한국일보사 신인 만화작가 모집에 응모한 것은 내 암담한 삶의 돌파구를 찾기 위한 또 한 번의 도전이었다.

힘든 가운데서도 1년 가까이 원고 작업을 열심히 했다. 100페이지 한 권짜리 원고로 완성이 된 작품은 1차 예선에 통과되었다. 원고 제목은 〈초상화의 비밀〉이었는데, 일단 작품으로 본선에 진출한 나는 직접 신문사로 가서 나를 포함한 여덟 명과 함께 본선 시험에 응했다.

만화가협회 시험과는 또 다른 느낌이 들었던 것은 정식 작가로

?

1966년 엎드려서 그림을 그리던 어느 날

데뷔하는 확실한 기회였기 때문이다.

그러나 안타깝게도 나는 그 시험을 제대로 치를 수가 없었다. 늘 베개를 가슴에 대고 엎드려서 일을 해야만 하는 신체적 구조 때문에 책상에 앉아서는 그림을 그릴 수가 없었던 것이다. 그래서 나만 책상을 치우고 화판을 초록색 카펫이 깔린 바닥에 놓고 엎드려 작업을 했다.

내 머리 위로 수많은 시선이 집중됐고 내 코 앞에는 여러 사람의 구두가 보였다. 즉석에서 스토리를 구성하여 완성해야 하는데 갑자기 머릿속이 텅 비어 버렸다.

사람들이 들락거리는 작은 소리에도 신경이 쓰여 신문 한 장 제대로 읽지 못하던 나는 낮에는 음악을 듣고 모두 잠든 밤에야 책을 읽고 만화를 그렸다. 그런 내가 갑자기 많은 사람들 앞에서 그림을 그리는 건 쉬운 일이 아니었다.

예정된 시간이 지나고도 진땀을 흘리며 쩔쩔매던 나는 1시간 30분을 더 연장하고도 제대로 된 작품을 만들어 내지 못했다. 한없이 부끄럽고 미안한 마음으로, 아니 참담한 마음으로 돌아왔다. 어떤 스토리를 어떻게 풀어 나갔는지도 모르겠고 다섯 시간이 넘게 바닥에 엎드려서 작업한 것이 하나도 기억나지 않았다. 오로지 초록색 카펫에서 풍기던 지린내만 선명하게 기억날 뿐이었다. 말할 것도 없이 낙방이었다.

며칠이 지난 후 한국일보사에서 낙선한 내 작품을 출판하겠다는 연락이 왔다. 원고료도 지급해 주었다. 그러나 얼마의 고료를 받았는지 그들이 왜 낙선된 내 작품을 사 갔는지 이유도 모른다. 사 간 작품이 출판은 됐는지 그것도 나는 아직 모른다. 다만 여전히 외부 세계에 적응을 못해 당당하게 그들과 겨루지 못한 나 자신이 미울 뿐이었다.

  비록 낙선하고 한없이 초라한 나 자신을 발견하게 한 실패한 도전이었지만 그래도 포기하지 않고 다시 일어서려 한 그 용기만은 내 생에 가장 귀한 밑거름이다.

## 승부의 정석

'이미라 양에게.

그동안 건강히 잘 있는지요. 보내신 만화 잘 보았고 아주 좋다고 생각되어 내가 아는 새소년사에 찾아갔었습니다. 미라 양이 언젠가 찾아갔더라구요. 그런데 거기 편집장 분이 미라 양의 만화를 보시고 새달에 실어 주기로 약속했습니다. 원고료는 얼마나 되는지 모르겠지만 아마 댁으로 우송이 될 것입니다. 꾸준히 좋은 만화 그리시기 빕니다. 흔한 말이지만 뜻이 있는 곳에 길이 있다니까 열심히 하시기 바랍니다.

안녕히, 최경식.'

어느 날 최경식 선생님에게서 위와 같은 내용의 편지가 도착했다. 최경식 선생님은 가수 최양숙 씨의 오빠로, 내가 즐겨 듣던 라디오 프로그램 'Young 840'의 진행자였다. 그 프로그램의 애청자로서 수많은 사연을 주고받다 보니 얼굴은 잘 몰라도 내 생활을 잘 알고 많은 위로와 조언을 해 주는 정신적 후원자가 되어 준 분이다. 내게 만화를 몇 페이지 그려 보내라 해서 보냈더니 그것을 최 선생님이 직접 들고 새소년사로 찾아갔던 모양이다.

지금은 없어졌지만 『새소년』이란 어린이 교양잡지가 있었다. 만화와 더불어 아이들에게 유익한 잡지였다. 그 당시 고교생인 남동생이 초등학교 4~5학년쯤에 만들어진 국내 몇 안 되는 어린이 잡지 중의 하나였다. 나는 그동안 그곳에 1년에 한두 번쯤 샘플 원고와 편지를 꾸준히 보내오고 있었다.

"몸도 불편한데 일부러 나오지 말아요. 우편으로 원고를 보내면 보고 답을 줄 테니까."

내가 동생에게 업혀 원고를 들고 직접 새소년사를 찾아갈 때마다 편집장이란 사람은 그렇게 말했었다. 유난히 새하얀 와이셔츠에 검은 토시를 한 30대 중반쯤의 『새소년』 편집장은, 창백한 얼굴과 큰 눈만큼이나 말씨도 차가웠다. 그의 싸늘한 대접 때문에 가슴에 깊은 상처를 받곤 했었다.

최경식 선생님의 호의와 정성은 분명 고마웠지만, 그때 내게 한없이 냉담했던 편집장의 차가운 얼굴을 떠올리니 어쩐지 마음이 크게 상했다.

"흥! 내가 그렇게 원고 보내고 편지하고 할 땐 냉담하더니 유명

한 사람이 찾아가니까 실어 준다고? 그사이 내 실력이 달라진 게 뭐 있나?"

지금도 그렇지만 나는 어떤 것이든 청탁에 의해 이루어지는 걸 싫어한다. 물론 그때는 지금보다 더 심했다. 되든 안 되든 나는 내 실력대로 당당하게 맞서기를 원했고 그것이 정석이라는 생각은 지금도 변함이 없다. 누군가의 물리적인 영향으로 대우받는 것은 진정한 나를 인정받는 것이 아니기 때문에 그토록 바라던 잡지 연재 소식에도 조금도 기쁘지 않았다. 오히려 사람에 대한 실망감과 편협된 서울 사회에 대한 혐오만 더 무겁게 가슴을 짓눌렀다.

"집에 가야겠다!"

1977년 2월, 나는 그 길로 진주로 내려가는 남동생의 등에 업혔다. 서울 사회에 염증을 느끼고 있던 차에 그때가 아니면 나 혼자서는 영원히 떠날 수 없을지도 모른다는 생각에 서둘러 따라나선 것이었다.

## 고통이 키운 희망

**?**

"아이구마, 딸기가 그대로 있네. 안 묵고 뭐했노."
"어머니 먹을 것 자꾸 갖다 주지 마이소."
"뭐라카노, 안 갖다 주면 니가 우째 찾아 묵노."
"안 먹어도 됩니더."
"지랄한다. 안 먹고 사는 사람이 어딨노."

진주 집으로 돌아가니 가게 일로 눈코 뜰 새 없이 바쁜 중에도 어머니는 나를 세심히 챙겨 주셨다. 많이 먹는 것에 익숙지 않았던 나는 갑자기 배부른 돼지가 된 느낌이었다. 환대와 돌봄에도 수시로 몸이 아팠다. 엎드려 그리는 만화 작업이 너무 힘들었고, 오른쪽 팔꿈치를 괴어야만 지탱할 수 있었던 신체 조건 때문에 왼쪽 어깨가 아팠다. 내가 죽으면 아마 왼쪽 어깨부터 썩을 거라고 생각했다.

몸과 마음이 온통 상처로 범벅이 되면서 만화에 대한 열정보는 내 무능력이 더 크게 느껴져 위축되었다. 39킬로밖에 안 나가는 체중이 모든 걸 감당해 내지 못했다. 지방이라 내가 좋아하는 음악도 제대로 들을 수 없었고 서울의 그 외로운 생활 속에서도 한 가닥 위안이었던 최경식 선생님의 목소리도 들을 수 없었다. 답장도 없는 편지 쓰는 일조차 점점 무의미해졌다.

늘 밑바닥이 보이는 쌀독에 쌀을 채우지 못해 전전긍긍하던 서울 생활에 비하면 넉넉한 음식에도 불구하고 나는 정신적으로 더 무기력해지면서 곧 죽을 것 같은 생각마저 들었다. 어머니에게 보내는 유서 같은 것을 써서 일기장 속에 꽂아 놓기도 했다.

그러나 신기하게도 그런 극한 상황에 이르면 내 속에는 항상 그대로 좌절할 수 없다는 강한 의지가 솟곤 했다. 언제나 그랬다. 어떤 모양으로든 돌파구를 찾아내지 않으면 자존심이 상해서 견딜 수 없었다. 몸과 마음이 그토록 무기력해졌으니 어떤 물리적인 힘으로라도 자극을 줘야 한다는 생각이 들었다.

- 자신을 고통스럽게 더욱더 고통스러운 상처로 몰아넣자.
- 시름시름 앓는 것은 싫다.
- 몸을 많이 아프게 하자.

어떻게든 몸을 아프게 해서라도 정신적인 무기력과 고통에서 벗어나 보자는 생각이 들었다. 그것은 어쩌면 자학이라기보다는 긍정적인 자기 고양에 가까운 것이었다.

그때 떠오른 것이 몇 해 전 찾아갔던 H 성형외과 의사의 진단이었다.

몇 해 전 유리 조각에 눈을 다치는 바람에 H 성형외과에 치료를 받으러 간 적이 있었다. 미국에서 성형뿐 아니라 정형도 전공한 그 의사는 내게 수술을 하면 걸을 수 있다고 말했다. 일어서는 건 꿈조차 꾸어 본 적이 없는데 목발을 짚고라도 걸을 수 있다는 사실은 내게 큰 충격을 주었다.

그러나 끼니도 잇기 어려운 상황에서 수술은 전혀 불가능한 일이라고 생각했다. 하지만 현대 의술로 다시 걸을 수 있다는 가능성을 알게 된 것만으로도, 내게 또 하나의 희망이 생긴 것은 분명했다.

그래, 걷자! 수술을 하자. 마취를 하지 않고 할 수 있다면 그렇게 하자. 걷는 것도 중요하지만 수술은 내게 새로운 경험이 될 것이며 그 일은 정신적인 고통에서 벗어날 수 있는 물리적인 계기가 되어 줄 것이라 생각했다.

하지만 어머니에게는 차마 병원에 보내 달라는 말을 꺼내지는 못했다. 우리 형편이 아직 그럴 수 있는 형편은 아니었다. 수술은 내게 당장은 먼 꿈이었지만 나를 견디게 하는 작은 비밀이었다.

그러나 그 일이 그렇게 빨리 이루어질 줄은 전혀 예상하지 못했다.

## 서점에 가고 싶어서

수많은 우여곡절 끝에 1979년 겨울 무렵 나는 드디어 수술 날짜가 적힌 통지서를 받았다. 어머니의 결사적인 반대가 있었지만, 나는 기어이 뿌리치고 수술대 위에 누웠다. 무려 다섯 시간에 걸친 긴 수술이었다. 동생이 사 온 'AB'라는 숫자가 크게 붙은 혈액 봉지를 주렁주렁 달고 의식이 깨어나지 못한 채 이동 침대에 실려 나왔다.

"미선아, 나 너무 아프다."

등에 거북이 등 같은 석고를 대고 가슴이 짓눌리도록 감은 붕대를 잡고 아픔을 참느라 남달리 튼튼한 이가 다 흔들릴 지경이었다.

횟가루로 고정된 목은 오직 정면밖에 볼 수 없는 상태로 고스란히 8개월을 지내야 했으며 가슴에 석고를 감고 2개월을 더 견뎌

내야 했다. 마음대로 걸을 수 있을 거라는 희망 때문에 괴로움을 조금이나마 잊을 수 있었다.

깁스를 하고 누워서도 많은 일을 했다. 뭔가 하지 않으면 못 배기는 성미 때문에 청탁 들어온 신문 삽화도 거절하지 않고 다 했다. 겨우 앉아 상에 화판을 놓고 간신히 한 손으로 1년 치 동화 삽화를 그리고 책도 열심히 읽었다.

"육체의 아름다움을 위해선 쾌락이 필요하고 영혼의 아름다움을 위해선 고통이 필요하다."

오스카 와일드의 옥중기를 읽다가 그 구절이 너무 좋아 노트에 적어 놓기도 했다.

수술한 병원인 애양원 가는 길 도로포장을 위하여 청와대에 편지도 썼다. 한참 만에 돌아온 회신은 건설부 소관이라 했다. 그래서 다시 청와대로, 전라남도지사로 그렇게 대책 없는 민원을 계속 보냈다. 그 도로포장 문제는 나의 염원이었다. 수백 명의 중환자들이 차에 실려 드나들면서 비포장도로에서 받는 충격을 너무나 절감했기 때문이다. 외국인이 병원을 설립하고 거의 외국인의 도움으로 운영되는 그 병원 앞 도로쯤은 국가에서 해 줘도 된다고 생각했다.

걷게 된 후에도 그 생각을 떨쳐 버릴 수 없어 틈틈이 만화 연재를 하던 모 잡지사의 중역을 만나 그 도로포장 문제를 상의했더니 '병원에 과자나 몇 박스 사다 주면 되지 뭘 그런 것까지 신경 쓰느냐?'고 해서 내심 분개하고 실망한 적도 있다. 모름지기 저명한 인사들은 공명심이 있어야 하고 사회의 후미진 곳을 돌아볼 줄 아는 사회적 책임이 있어야 한다고 생각한다.

그렇게 해답 없는 민원을 몇 년 동안 보내던 중 재검을 받으러 오라는 통지가 병원에서 왔다. 순천역에 내려 택시를 타고 병원으로 가는데 그 도로가 깨끗이 포장되어 있었다. 너무도 기뻤다.

"어머나, 내 소원이던 이 도로가 포장이 됐네요. 언제 됐어요? 아저씨?"
"글쎄요, 이 병원서 수술받은 어떤 아가씨가 청와대에 편지를 보내서 됐다고 소문이 났던데."
"그래요?"

그게 내가 줄기차게 보낸 편지 덕이었는지 확인할 길은 없다. 그러나 나 아니라도 이만한 일을 생각한 사람들은 많았으리라. 누구의 역할이었든 그 도로가 포장된 것만은 반가운 일이었다.

1980년 10월 21일, 11개월 만에 척추 깁스를 벗고 그해 12월 다리 수술 날짜를 받은 후부터 다리 수술 문제로 또다시 집안이 시끄러워졌다. 수술비도 수술비지만 다리를 수술하더라도 멀리 걷지는 못할 거라는 소리에 어머니는 선뜻 수술을 허락하시지 않았다. 의사도 다리 수술에 대해서 그리 낙관적이지 않은 태도로 나에게 선택을 맡겼다.

"그럼, 선생님. 동네 서점 정도는 갈 수 있겠습니까?"
"아, 그 정도야 되지요."
"그럼, 수술하겠습니다."

서점, 나는 서점엘 가야 했다. 동네 서점이란 게 겨우 한 사람 빠져나갈 정도로 협소해서 나는 언제나 서점 앞에 휠체어를 세우고 밖에 진열된 잡지책이나 참고서만 뒤적거리곤 했다. 언제든 아무 생각 없이 서점에 들어가 이것저것 책 구경을 하다가 맘에 드는 책 한 권 사 보는 게 내 소원이었다.

나는 고집스럽게 다리 수술을 강행했다. 간호사들은 내 침대 옆을 지날 때마다 하나같이 '서점에 갈 수 있겠네.'라고 말했다. 두 다리를 딛고 여기저기 다니지 못한 30년 한을 풀기 위해서가 아니라 단지 서점엘 가기 위해 다리 수술을 받은 것이다.

생각보다 고통은 엄청난 인내를 요구했다. 쉼 없이 나를 괴롭히는 통증이 머리를 마비시킬 정도였다. 그래도 아픈 것과 일하는 것과 공부하며 노는 것 모두 열심히 했다. 그렇게 속절없이 2개월을 지내고 병원에서 무거운 석고를 떼고 뻣뻣해진 다리와 핫팩을 안고 집으로 돌아왔다.

보조기를 착용하고 평행봉을 잡고 서 있는 나를 보고 어머니는 눈물을 흘렸다.

한적한 소도시 안에서도 중심지에 살고 있던 터라 대문을 나서면 서점도 있고 영화관도 있고 카페도 시장도 있었다. 나는 느리지만 계속 걸어 다녔다. 소원하던 서점에 가서 목발 때문에 겨드랑이가 저리고 감각이 무디어질 때까지 책을 구경했다.

목발을 짚고 걸으면서 내가 가장 무서워한 것은 어린아이들과 술 취한 사람들이었다. 지나가는 사람과 어깨만 스쳐도 넘어지기 때문이었다. 그들이 멀리서 나타나면 나는 한켠에 비켜서서 그들이 지나가기만 기다렸다. 느려도 너무 느린 내 곁을 따라오느라 동생들의 고역은 이루 말할 수가 없었다. 어디쯤 가 있으면 그때 다시 온다고 말하고 자기 볼일을 잠깐씩 보러 다녀오기도 했다. 동생들이 실컷 일을 다 보고 와도 나는 거의 제자리였다. 그래도 새로운 경험이 좋아 여기저기 열심히 걸어 다녔다.

"이제 걷지 않을 겁니더."

수술 후 남아 있는 통증은 수시로 나를 괴롭혔고 목발 짚고 걸어 다니는 힘든 노동은 늘 피곤을 동반하였다. 내 느린 보행으로 주변 식구들이 애를 먹었다. 나 좋자고 식구들 귀한 시간만 잡아먹는 꼴이었다. 그런 걸 바란 게 아니었는데. 결국 나는 걷지 않기로 했다.

"그게 무슨 말이고. 걸을라고 그 힘든 수술을 하고 온갖 고생을 다했는데 안 걷겠다니 말이 되나?"
"1년 동안 걸어 다녔으니 됐어예."
"지랄한다."

1년 동안 걸어 다닌 것에 만족하고 목발과 보조기를 묶어 광에 집어넣었다. 몇 년 후 병원에 재검을 받으러 갔다가 의사에게 꾸지람을 들었지만 그래도 나는 걷지 않았다.

## 미라 화실

약사, 학생, 교사들이 주축이 된 이념 모임에 가입을 했다. 막스 레닌과 마르크스를 논하고 노동자와 소외된 자들을 위한 공부를 했다. 구체적이지는 않았지만, 사회에 대한 책임 의식은 늘 나를 따라다녔다.

동생의 학교신문 만화를 그려 줄 때도 항상 비판의식을 갖고 끌어 나가려 했다. 박정희 대통령이 죽고 계엄령에 나라 안이 혼란하던 시절, 아직 표면에 떠오르지 않은 전두환 씨를 비꼬는 만평을 그려 동생에게 주었다. 학교신문을 찍어 내던 부산의 어느 신문사에서 그 만평이 문제가 되어 동생은 군인에게 잡혀가 두들겨 맞고 들어왔다. 나로 인해 동생이 곤욕을 당한 것이다. 그 후에도 계속 비평을 고집하는 내게 겁많은 동생은 그러지 말자고 했다.

나는 노동자와 함께하기 위해 굶어 죽은 철학자 시몬느 베이유

?

1982년 화실에서 주부 수강생과

를 좋아했다. 예술의 자유를 위하여 맨발로 춤을 춘 이사도라 던 컨도 좋아했다. 프랑스 혁명사와 각 나라의 노동사를 공부하면서 얻은 결론은 나가서 싸우고 몸으로 실천해야 한다는 생각이었다. 노동가를 부르고 책상 앞에 둘러앉아 금서였던 '전환시대의 논리'를 논한다고 해서 해결될 일이 아니었다. 그러나 마음만 앞설 뿐 그럴 수 없는 내 현실은 내게 부채의식만 얹어 줄 뿐이었다.

나는 모임에서 정식으로 탈퇴하고 '미라 화실'이란 작은 간판을 대문 앞에 내걸었다. 언제부터인가 초등학생들 그림 지도를 해 보라는 선생님의 권유가 있어 그 선생님의 학교 학생 몇 명을 가르치면서 새로운 일을 도모하려고 했다.

"선생님예, 궁금한 게 있는데 허가증이 와 안 보입니꺼?"
"허가증이 뭔데?"
"다른 미술학원에 가면예, 허가증이 걸려 있는데예."
"그래?"
"우리 아버지는예, 사천군수인데예, 허가 없는 학원엔 다니지 마라 했어예."

공무원의 딸인 초등학교 5학년 그 애의 말은 맞는 말이었다. 그러나 내게는 제도권에서 필요한 눈에 보이는 자격증이 없었다. 제도권 교육 3일이 전부인 내게는 그것이 문제가 되었다.

"어무이, 교육청에 가서 미술교습소 소정 양식 하나 떼 오이소."
"대학 졸업장도 없는데 뭐가 되겠나?"
"그냥 가서 떼 오기나 해 보이소."

소정 양식에는 3년의 경력과 전문대학 졸업이면 미술 교습 허가가 가능하다고 되어 있었다. 나는 십수 년의 만화 경력을 쓰고 잡지사와 신문에 발표된 작품들과 동양화 부문에서 입상한 상장과 메달까지 모두 봉투에 넣어 보냈다. 교육청에선 해괴한 신청서를 들고 어리둥절했지만 바로 교습소 허가장을 떼 주었다.

집안이 그림 배우는 학생들로 들끓자 이사 간 옆집을 세내어 화실을 따로 내었다. 한옥의 문짝만 떼 내고 큰 방에 동양화 화판을 상처럼 놓고 마루에는 이젤을 놓고 그림을 그리게 했다. 아이들은 기존의 학원에서 의자에 앉아 공부하던 것과 다른 분위기라 무척 좋아했다. 바닥에 배를 깔고 그리거나 이젤에 놓고 그리거나 어떤 자세로 그리든지 자유롭게 놔두었다. 원래 획일적인 것을 지독히 싫어했던 터라 아이들에게 그림의 자유를 주고 싶었다. 동요나 짧은 클래식 음악을 들려주고 거기서 떠오르는 영감을 그리게 했다. 재미난 동화를 들려주어 그것에 연상이 되는 그림을 그리게 했다. 아이들과 학부모들에게 반응이 좋았다.

　주 5일제가 일반적이지 않던 당시에 나는 주 5일제로 학원을 운영했다. 토요일 하루는 장애가 있는 아이들을 위해 쓰고 싶어서였다. 깃발을 들고 거창한 투쟁을 하는 것만이 소외된 사람들을 위하는 길은 아닐 것이었다. 작은 실천이 내 분수에 맞는 일이라고 생각했다.

　진주교육청을 통하여 시내 초등학교에 있는 장애 어린이들을 파악하고 부모들에게 공문을 보내어 취지를 설명하고 아이를 보내고 싶은 부모들은 미라 화실로 보내 달라고 했다. 장애가 있는 10여 명의 아이들이 어머니나 언니의 손을 잡고 왔다.

　'사랑의 학교'라는 이름을 붙여 가사를 쓰고 음악대학에 다니는 교회 반주 선생님이 곡을 붙여 교가도 만들었다. 토요일 수업을 위해 아이들이 오면 그림도 가르치고 동화도 들려주며 음식도 나누어 주었다. 봉고를 세내어 지리산 끝자락의 물 좋은 산청까지 아이들을 데리고 소풍도 갔다.

　세 얻은 화실의 집세는 어머니가 내주었고 내가 버는 돈은 고민 없이 다른 이들에게 베푸는 일에 썼다. 화실 청소를 하느라 방석을 털면 아이들에게 받은 미술 회비가 광고지처럼 온 방을 날아다녔고 내가 얼마를 벌고 쓰는지 계산도 없었다.

　어느 날 그림을 배우러 오던 아이들의 숫자가 돈으로 보이자 스스로 깜짝 놀랐다. 그리곤 심한 괴로움에 빠졌다. 순수를 잃어버렸다고 생각했다. 이후 나 자신을 돌아보고자 2개월만 화실 문을 닫겠다고 했지만, 결국 '미라 화실' 간판을 다시 내걸지 못했다. 돈의 필요성을 느끼면서도 돈을 밝히는 나 자신이 미웠다. 식구들을 부양하며 동생들의 학비를 대느라 온종일 고생하는 어머니에게 나까지 경제적 부담을 주는 게 싫으면서도 정작 돈 버는 일에 심한 거부감을 가진 이율배반적인 내 마음을 나도 어쩌지 못했다. 돈에 대한 그런 마음은 오랫동안 나를 따라다니며 현실에 적응하지 못하게 했다.

## 새로운 이름

"아, 이미라 씨, 축하합니다. 보내신 만화가 당선됐어요."

1984년 12월, 서울의 새소년 잡지사로부터 받은 전화였다. 응모했던 내 작품 '이사도라 던컨'이 당선된 것이다. 그때가 나는 진심으로 가장 기뻤다. 누구의 청탁이나 물리적인 그 어떤 도움도 없이 오직 내 실력만으로 당당히 당선된 것이다. 내가 바라던 승부의 정석이었다. 만화 생활 20년 동안 내가 바라고 또 염원하던 일이었다. 잘하든 못하든 정당한 대우를 받고 싶었을 뿐 장애인이기 때문에 봐준다는 식은 추호도 용납할 수 없었다. 나는 자선이 아니라 작가로서의 인정이 필요했던 것이다.

'이사도라 던컨'은 『새소년』에 1985년 11월까지 연재했다. 매달 20쪽 안팎의 원고료는 집안 경제에 별 도움이 되지는 못했다. 뭔가 또 다른 작업이 필요했고 만화를 위해서 서울로 다시 가야 한다는 강한 의지가 생겼다.

1980년대로 들어오면서 내가 모르는 사이 만화계는 새로운 장르가 형성되고 있었다. '캔디'라는 일본 순정 만화의 폭발적인 인기와 함께 70년대의 유아적인 순정 만화를 벗어나 10대를 위한 새로운 순정 만화가 인기가 있었고 '외인구단', '신의 아들' 등의 청소년 만화가 80년대 한국 만화 시장을 사로잡고 있었다. 대본소 만화를 하지 않기로 작정했던 나는 뒤늦게 알게 된 이러한 청소년 만화에 관심을 갖게 되었다.

"이미라 씨 이름을 바꿔야겠는데요."
"왜요? 사장님."
"만화 심의실이란 데가 말야, 작품이 들어오는 대로 심의를 하는데 이미라 씨 앞에 어떤 신인이 이미라란 이름으로 접수를 했다는구먼."
"그런데 이름은 왜 바꿉니까?"
"에, 또 그러니까 똑같은 이름의 작품은 심의할 수 없으니 뒤에 들어온 이미라 씨에게 다른 이름으로 작품을 제출하라는구먼."

몇 년 전만 같았어도 나는 그 작품을 취소했을 것이다. 그러나 당시 나는 성경 공부를 통해 세상의 명예나 이름에 별로 관심이 없어졌다. 오직 '인간이 어디서 와서 어디로 가는가?'라는 인간 본질을 탐구하고 있었기에, 20년간 알게 모르게 내 본명 '이미라'로 작품 활동을 해야 한다는 것에 제동이 걸려도 전혀 이상하게 생각하지 않았고, 심의실의 그런 태도에도 별로 화가 나지 않았다. 그 신인에게 이름을 바꾸라는 등의 말도 하지 않았다.

"아무 이름으로나 하지요, 뭐. 작품이 중요하지 이름이 중요합니까."

사장이 아무렇게나 지어낸 '이미예'라는 이름으로 처음 대본소용 청소년 순정 만화를 2년 동안 세 타이틀을 했다. 내게 있어선 전무후무한 일이었다. 그 후에 지금의 이해경이 되었다.

"따르릉~"
"여보세요. 여긴 N 주간만화사인데요. 이해경 선생님 계십니까?"
"네? 이 이해경이 누구? 아! 아! 네, 접니다."
"아니, 선생님 성함도 모르세요."
"아, 죄송합니다. 이해경 이름이 익숙지 않아서요."
"보내 주신 스토리 정말 좋습니다. 그걸 읽으니까 마치 한 편의 영화를 보는 것처럼 장면 장면이 파노라마같이 지나갔어요."

그렇게 궁합이 맞은 N 주간지의 H 편집장과 수년 동안 거래를 하였다. '이해경'이란 이름을 걸고 새로 시작한 성인 만화는 만화 생활 30년 만에 새로운 활기를 주었다. 돈도 많이 벌었지만, 또 많이 쓰기도 했다.

### 가난한 날의 초상

　1987년 3월, 진주에서도 한참 떨어진 진양군 지수라는 곳으로 들어갔다. 지수중학교 국어 교사로 있는 둘째 동생의 학부모 집이었는데 여러 채의 집을 가진 부자라 그중의 한 채를 매달 월세만 받기로 하고 집을 내놓았다.
　마당에 감나무가 여러 그루 있고 텃밭이 있는 큰 한옥집이었다. 사람들 속을 떠나 은둔 생활이 시작되었다. 아침마다 나무 냄새와 풀 냄새를 이고 오는 바람이 좋았고 저녁이 되면 집집마다 군불 지피는 냄새와 솔가리 태우는 냄새가 향기로운 곳이었다. 아무도 찾아오지 않는 유배지 같은 생활 속에서도 나는 혼자 즐겁고 분주했다.
　30일 동안 100쪽 분량의 만화 한 편을 끝내지 않으면 동생 미선이 부부와 나, 세 사람의 생활이 막막해지기 때문에 나는 책상 앞에 앉아 죽어라 만화를 그려야 했다. 진작 그렇게 열심히 만화를 그렸다면 부자가 되었을 텐데 싶을 만큼 열심히 그렸다. 그러나 원고는 분량에 비해 원고료가 너무 싸서 세 사람 생활도 간신히 꾸려 갈 수 있었다. 늘 열심히 한다고 하던 영어 공부와 독서도 제대로 못하고 원고만 붙들고 끙끙댔다. 그렇게 여름을 보내면서 서울에 가야 한다는 생각을 여전히 지우지 못하고 있었다. 서울에 가야 한다!

1987년 11월, 강이 깊어 바닥이 시커먼 경기도 어느 강변에 임시로 3개월만 살기로 하고 짐을 꾸려 다시 집을 옮겼다. 돈 버는 사람이라고는 나 한 사람뿐이었고 한 달에 겨우 한 권 해내기도 힘든 만화 수입을 의지한 채 무작정 올라온 것이었다. 또 다른 안정된 집을 구하기까지 남한강의 매서운 바람을 맞으며 갖고 온 짐도 풀지 않은 채 살았다.

무일푼, 완전한 빈곤 가운데서 경기도까지 오는 이삿짐 트럭 비용을 쓰기 위하여 그때 처음으로 그림을 팔았다. 중앙미전에서 낙방은 했지만 그래도 나름대로 감동으로 그렸던 그 그림과 어머니에게 드리려고 그린 여섯 폭 튤립 병풍을 팔면서 혼자 눈물을 훔쳤다. 동양화를 하면서 한 번도 돈과 그림을 바꾼 적이 없었으나 가난 때문에 내 순수를 팔았다는 가책의 눈물이었다.

얼마 지나지 않아 또다시 이사를 했다. 그간 부었던 100만 원짜리 새마을 적금을 해지하여 남양주 강변집의 3개월 집세를 내고 남은 25만 원으로 계약금을 치르고 들어앉은 우리 집이었다. 그러나 뜻하지 않게 다음 해 1988년 2월, 내 만화는 3개의 타이틀을 끝으로 마감을 해야 했다. 엄밀히 말하면 짤린 것이다. 대본소용 순정 만화가 쇠퇴의 길로 들어섰기 때문이다. 여섯 식구가(그새 식구가 더 늘었다) 달린 밥줄이 끊어졌다.

주머니에 돈 한 푼 들어오지 않아도 두 평도 채 안 되는 내 방의 불은 꺼지지 않았다. 산골에 짧은 해가 저물고 칠흑 같은 어둠이 깔리면, 내 작업실의 불빛만이 외로운 등대처럼 반짝였다. 후일 우리가 그곳을 떠나간 후 언제나 언덕에 반짝이던 불빛이 그리웠다고 마을 사람들이 말해 주었다.

잠 못 이루는 긴 겨울밤, 산골을 가득 채우는 파도 소리 같은 바람 소리 속에서도 나는 책상 앞을 떠나지 않고 미래의 꿈을 놓지 않았다.

"이런 첩첩산중인 줄 몰랐다. 내 생전 이런 곳은 처음이다. 어찌 자고 여기까지 왔노. 난, 그만 가슴이 막힌다."

어머니는 아무도 돈 버는 이 없이 산골에서 풀만 뜯어 먹고 사는 우리를 보고 한탄하셨다. 그 길로 어머니는 서울 행당동 김밥 공장에 들어가 밤에는 김밥을 말고 낮에는 일꾼들이 자는 다락방에 자면서 내게 생활비를 보내 주었다.

그 와중에 도로 공사 인부들과 트럭을 타고 일터로 가던 막내는 중앙선을 넘어온 봉고차와 부딪쳐 머리와 허리에 부상을 입었다.

졸지에 교통사고를 당해 사흘을 혼수상태로 누워 있다고 연락이 왔지만 우리는 막내를 보러 내려갈 차비가 없어 못 갔다. 자의든 타의든 우리가 얼마나 빈곤하였는지 그때 함께 살지 않았던 사람은 아무도 모른다.

그 당시 둘째 동생은 결혼을 앞두고 있었다. 중학교 미술 선생을 하던 제주도 아가씨와 결혼을 한다고 제주도행 왕복 비행기표를 끊어 보내왔는데 우린 아무것도 해 줄 수 없어 그저 막막하기만 했다.

김해에서 비행기를 타기 위해 온 식구들은 주머니를 탈탈 털어 기차표를 끊고, 먹던 밥에 김치만 넣어 도시락을 쌌다. 영하 17도, 신발 바닥에 약간의 물기만 닿아도 얼어붙는 지독한 추위 속에서 우리는 있는 옷을 다 껴입고 서울역에서 기차에 올랐다. 그렇게 도착한 김해공항 대합실. 김치 냄새를 풍기면서도 우리는 그 도시락으로 간신히 허기를 면해야 했다.

"이왕 여기까지 오셨으니 제주도 일주를 하고 가시죠."
"아, 아닙니다. 우린 그냥 가도 됩니다."
"무슨 그런 섭섭한 말씀을. 그냥 가시게 하면 도리가 아니지요. 육지에서 일부러 관광도 오는데요."

우리의 형편을 모르는 사돈은 결혼 예식이 끝난 후 기사 겸 가이드를 붙여 제주도 일주를 하라고 봉고차를 내주었다. 사돈의 친절을 감사함으로 받기엔 우리의 가슴이 너무 빈곤하였다. 먼저 수고하는 기사의 점심이나마 대접을 해야 하고, 가는 곳마다 쓰이게 될 돈 걱정을 하고 있었다.

바다를 건너가면 서울로 돌아갈 차비밖에 없었고 가서도 당장 때울 끼니가 없는 우리들이었다. 아무리 아름다운 제주도 풍경도 즐거움으로 다가오지 않은 것은 절박한 경제 상황이 모두의 가슴을 짓눌렀기 때문이다.

"우린 배 안 고파요. 기사분만 점심을 드시도록 하세요."

주린 배를 움켜쥐고도 배고프지 않은 척하면서 당연히 대접해야 할 기사에게만 점심을 사 주었다.

"저기 매표소가 있네요. 가셔서 돌아보시죠."
"아, 아닙니다. 그냥 지나가죠. 뭐 바깥에서 봐도 좋네요."

우리는 그저 지나가는 풍경만 바라보며 마음에도 없는 감탄사를 연발했다.

살아가는 동안 너무나 빈곤하여 사람의 도리를 다하지 못하는 경우가 있다. 그러나 눈에 보이지 않는 것은 알려고 들지 않으면 아무도 그 사실을 모른다. 그래서 '입으라, 먹으라, 더웁게 하라, 말로만 하지 말고 그에게 필요한 것을 공급해 주라'는 성경 말씀이 있다. 우리는 자신들이 갖고 있는 각자의 자존심을 너무 잘 알기에 우리 입으로 빈곤을 떠들 수 없었다.

내 다리이자 만화 작업의 파트너가 되어 준 큰동생. 그에게 날마다 버스표 두 장을 쥐여 주며 잡지사며 선배 집이며 여러 출판사를 돌게 했지만, 그는 늘 빈손으로 돌아오곤 했다. 순정 만화 대본소 시대가 끝나고 새로운 순정 만화 월간지가 창간된다며 원고를 해 오라 했지만, 잘할 자신이 없었다. 밤마다 산골의 어둠을 밝히고 앉아 어떤 만화를 해야 할 것인지 고민만 깊어 갔다. 이제는 나 자신에 대한 고민이 아니라 일에 대한 고민으로 가닥을 잡지 못한 채 밤잠을 설치곤 했다. 게다가 불어난 식구들의 생계를 책임져야 할 큰 짐이 내게 있었다. 모두 건강했지만 당장 나가 하루 일당을 벌어 올 상황은 되지 못했다. 그렇기에 그들은 나를 믿고 바랐고, 나는 그들의 기대에 부응해야만 했다.

## 세상을 향한 출사표

**?**

　세상 사람들이 말하는 성공은 부와 명예, 그리고 권세를 얻는 일일 것이다. 그 잣대로라면 나는 성공과는 아주 거리가 먼 사람이다. 평생 가난했고 배우지 못했으며 세상에 이렇다 할 힘 있는 명함을 내보이지도 못했으니 성공은커녕 오히려 실패와 좌절로 점철된 인생이었다고 해도 과언이 아닐 것이다. 다행인지 불행인지 나는 세상이 말하는 성공엔 그리 관심이 없다. 그래서 성공하지 못한 인생이라 해도 별다른 아쉬움과 미련도 없다.
　나에게 있어 성공이란 평생 나 자신과 맞서 싸워 이겨 낸 당당함, 그뿐이다. 그 당당함이 내게 부와 명예와 권세를 가져다 주진 않는다. 누구도 알아주지도 않는다.
　그러나 생의 모든 기로에서 내 얄팍한 이기심과 욕심에 지지 않고 나를 넘어서는 선택을 했다는 자긍심이야말로 내겐 그 어떤 것보다 의미 있는 성공이다. 평생 사랑하고 절망하고 실패하고 좌절하면서도 나는 끊임없이 그 안에서 나에게 지지 않기 위해 나와 맞서 싸워 왔다. 그 치열함 속에서 어느덧 고요하고 평온해지는 내 안의 평정심을 생의 전리품처럼 획득할 수 있었다.

그러나 생은 언제나 예측 불가한 것. 어느 날 생은 나를 나와의 싸움이 아니라 세상과 마주 선 싸움 앞에 데려다 놓았다. 우습게도 '대학 강사'라는 명칭 하나가 나를 그렇게 많은 사람들의 주목을 끌게 만들리라고는 결코 예상하지 못했다.

"따르릉~"

1995년의 어느 날, 내 고요한 일상을 뒤흔들 전화벨이 요란하게 울렸다.

"나, 한재규요. 이번 새 학기에 강의 좀 맡아 주었으면 하는데 되겠소?"

명지대학교 한재규 주임교수로부터 내게 다음 학기 강의를 의뢰하는 전화였다. 내겐 새로운 기회가 될 테니 반가운 전화였지만 '혹시나' 하는 불안으로 선뜻 대답하기는 주저되었다. 그래서 내가 먼저 만나자고 제안을 했다.

한 주임교수를 아현동 지하철 커피숍에서 만나기로 한 것은 먼저 내 모습을 보여 주어야 할 것 같았기 때문이다. 장애가 있어도

만화의 날 행사에서

내게 강의를 맡길 수 있냐는 일종의 시위 같은 몸짓이기도 했다.

"보시다시피 전 장애가 있는데요."
"그 장애가 만화 가르치는 데 무슨 이유가 됩니까? 맡은 과목은 순정 데생도 있고 스케치도 있는데."

그의 대답은 거침이 없었지만 어쩐지 불안한 느낌이 들어서 집에 돌아와서도 식구들 외에는 소문을 내지 않았다. 그동안 거의 적중했던 내 육감으로는 어쩐지 이번 일이 쉽사리 이루어질 것 같지 않은 예감이 들었다. 아니나 다를까. 내 예감은 적중했다.

"나 참, 미안한 말을 해야겠소. 오해 말고 들어요. 그 대학 과에서 말이야. 장애인이라고 강의를 맡길 수 없다는군. 나 참, 별걸 다 가지고 시비 아니오. 내가 여러 번 그런 건 별문제가 아니라고 했는데도 말이야. 학교란 도대체 앞뒤가 꽉꽉 막혀서 우리같이 자유로운 만화쟁이가 해 먹기 힘든 곳이야."

역시나 우려하던 대로였다.

"정말 이유가 장애 때문입니까? 혹시 제가 지명도가 떨어진다거나 실력이 모자라기 때문이 아니고요?"
"아, 그런 거라면 내가 이렇게 화도 안 내지. 칠판 쓰기가 곤란

할 거라나 뭐라나. 아주 말도 안 되는 소리야. 미안해요, 다음 학기엔 어떻게 좀 해 볼게."

결국 내 예감대로 대학의 강사 섭외 건은 말뿐인 해프닝으로 끝나고 말았다. 그 이유가 다른 어떤 것도 아닌 내 장애 때문이라니. 예상했던 일이지만 분하고 억울해서 떨리는 가슴을 억제하느라 어금니를 꽉 깨물어야 했다.

지금까지 살아오는 동안 장애를 이유로 일이 무산되는 일은 처음 겪어 보는 일이었다. 내가 그 일에서 물러서야 하는 이유가 실력이나 다른 이유 때문이 아니라, 정말로 '장애' 때문이라면 절대 포기할 수가 없었다. 다른 이유라면 몰라도 절대로 포기해서는 안 되는 일이 되었다.

이제 나와의 싸움이 아니라 세상과의 싸움을 시원하게 한판 붙어야 할 때가 온 것이다!

## 무학의 반란

"이거 등기로 부쳐라."
"뭔데?"
"명지대 총장한테 보내는 편지다."
"엥, 언니 또 일 벌이네. 까짓 대학 강사 안 하면 어떻노. 만화나 열심히 그려라."
"시끄럽다. 꼭 등기로 보내야 된대이."

그날 밤 나는 장문의 편지를 총장에게 썼다. 다른 곳도 아니고 대학 사회에서 아직도 장애인에 대한 그런 옹졸한 편견을 가지고 있다면 일반 사회에 팽배한 장애에 대한 편견과 오해를 어떻게 바로잡을 수 있겠는가. 이런 부당한 대우는 용납할 수 없다는 등등의 내용이었다.

1995년 12월이 지나도 회신은 없었다. 그렇게 속절없이 해가 바뀌고 1996년 2월 다시 한 교수에게서 연락이 왔다.

"3월부터 강의하세요."

그는 인사 기록부가 든 봉투를 앞에 던지며 내 투서 때문에 총장에게 된통 한 소리 들었다고 볼멘소리를 했다.

"선생님을 곤란하게 하려는 뜻은 없었어요. 선생님은 저 같은 사람 강단에 세우려고 열심히 노력하셨잖아요. 전, 다만 사회적인 책임 같은 것도 있고, 백만 장애인을 대신해서 이런 편견 어린 대학 사회의 인식을 바꾸고 싶었어요. 제가 할 수 있는 일이란 게 고작 총장에게 편지 한 장 보낼 힘밖에 없었어요. 그게 다행히 영향을 미쳤다니 열심히 해 보겠습니다."

일은 그렇게 성사되는가 싶었다. 그러나

"이해경 씨, 인사 기록부에 학벌은 왜 안 썼어요? 고등학교면 어때? 써야지. 만화쟁이들 학부 나온 놈 몇 되나? 전문성을 보는 거니까 고등학교도 괜찮아요."
"저, 선생님. 죄송합니다. 전, 고등학교 나온 적이 없는데요."
"뭐요?"
"전, 학교 나온 적 없다고요."

1997년 명지대 만화창작과 학생들과 야외수업

만화가를 꿈꾸던 소녀에서 만화계 대장이 된 이해경

"아니, 그게 무슨 말이에요.?"
"전, 초등학교 3일이 제도권 교육의 전부예요."
"이런! 기가 찰 노릇이 있나 참말로. 배짱 하나 좋으시네."
"죄송합니다."
"그럼, 그 아무 고등학교나 적어 넣어요."
"저 굳이 거짓 기록을 쓰고 싶진 않네요."
"학교란 말이요. 그 교강사협의회란 데가 있어서 기록이 이러면 곤란한데."
"그럼, 아직 강의도 안 들어갔으니 없었던 일로 하지요."

 나는 아주 담담하게 통화를 마쳤다. 한 교수의 말대로 다니지도 않은 학교를 다녔다고 거짓으로 쓰고 싶지 않았다. 나 자신을 속이고 세상을 속이면서까지 얻고 싶은 자리도 아니었다. 다만 학벌이란 게 그렇게 중요할 일인지 피부로 처음 느꼈다.
 평생 살아오는 동안 나를 옭아맨 제도적 장치는 거의 없었다. 가족 구성원 내에서도 나는 거의 독재자였고 제도가 내게 무엇을 요구하지도 않았다. 그런 제도권 안에 살아 본 적 없는 자유인 그 자체였다. 처음으로 학교라는 제도권 조직에는 내가 여러모로 맞지 않는다는 것을 깨닫는 순간이기도 했다.
 그럼에도 한 주임교수는 이왕 그렇게 된 거 어떤 구실로든 내게 강의를 맡겨 주고 싶어 했다. 매우 인간적인 사람이었다.

"그러니까 여기 동양화 부문에 수상 경력도 있고 하니 뭐, 이걸로 한번 밀고 나가 보죠. 이해경 씨 이제 보니 고집불통에다 진짜 배짱 하나 끝내준다니까. 하하하! 그럼 새 학기에 봅시다."

제도권 교육 3일이 전부인 나는 그렇게 제도권 학생들을 가르치는 대학 강사가 되었다. 그러나 역시도 일이 그것만으로 순탄하게 끝난 것은 아니었다.

여름방학이 끝나갈 무렵이었다. 코리아나호텔 커피숍에서 한 교수를 기다리고 있었다. 한 학기라도 대학에서 강의하게 해 준 감사의 의미로 차라도 대접할 요량이었다.

"이해경 씨, 난 말이요. 노력은 하고 있는데 그 교강사협의회란 곳에서 말이야, 자꾸 당신의 그 학벌 갖고 넘어진단 말이지."
"학벌이요?"
"그래! 그때 내가 아무 학교나 적어 넣으라고 했더니 글쎄 고집을 부리고. 그 참."

학벌이 계속 문제가 되는구나. 나는 발끈 오기가 났다.

"전문성이 인정되면 학벌 관계없이 대학에서도 강의할 수 있는 시대라고 신문에서도 떠들지 않습니까?"
"하 참! 이해경 씨, 뭘 몰라도 한참 모르네. 언론이 떠드는 것하고 실제 학교에서의 문제는 전혀 달라. 학벌, 족벌, 향벌 뭐 이런 식으로 똘똘 뭉친 게 어디 학교뿐인가? 이 사회가 다 그런 거라고."
"그래요? 그럼 전 이걸 사회문제화시켜야겠어요."
"또 총장에게 투서하려고?"
"아뇨, 이젠 총장에게 안 해요. 신문에 기사화하겠어요."

가까스로 실습이란 명목으로 만들어진 1시간 20분짜리 가을 학기 강의를 맡을 수 있었다. 본과 수업이 아닌 보충수업 형식의 시간이라 교학과에 가서 강의 카드에 서명할 필요도 없었다. 봄 학기엔 그래도 강의 카드에 서명하러 본관에 들락거리기도 했는데 교학과에서는 나 같은 별직의 강사는 그 존재조차 알지 못하는, 그야말로 찬밥 신세가 되었다. 그저 내가 여기저기 쑤시고 다닐까 봐 궁여지책으로 마련해 준 자리에 불과했다.

그래도 어떻든 후배를 아끼는 한 교수의 배려라는 생각에 학생들을 가르치는 데 있어서는 최선을 다했다.

매주 1시간 20분 강의를 위해 작업하던 일손을 놓고 나와야 했다. 토요일 2교시라 학생이 한 명밖에 안 나오는 시간도 있었다. 선생이든 학생이든 만화를 그리는 사람은 오전 시간에 나오기가 여간해서는 쉬운 일이 아니다. 날밤을 꼬박 새워 작업을 해야 겨우 오전 시간 강의를 맞출 수 있었다.

그렇게 명분상 가을 학기를 맡은 나는 그 학기를 마치기 전에 꼭 하리라고 애초부터 마음먹고 있었던 일을 실천에 옮기기 시작했다.

　나는 그때까지 프리랜서로서 평생 자기 작업만 해 온 자유인이었다. 제도권 교육도 받지 않았고 교회 이외의 어떤 사회적인 조직에도 속해 있지 않았기에 언제나 나는 자유인이었고 그 무엇에도 구애받아 본 적이 없다.

　신체적인 결함 때문에 구속되는 안타까움은 있었지만 나 스스로 그 점을 인정하고 그 구속 안에서 더 나은 나를 위하여 끝없는 자신과의 투쟁을 이어 온 삶이었다. 자신과의 투쟁을 통해 터득한 내 삶의 신조는 '나보다 더 어려운 사람을 위하여 무언가 할 수 있는 인간이 되자. 내가 받은 사랑만큼은 못 되더라도 그 사랑을 어떤 모양으로든 되돌려 주자. 혹 누군가 절망 중일 때 나 같은 인간을 보고 다행히 영향을 받을 수 있다면 그런 영향을 줄 수 있는 인간이 되자.'는 것이다. 나와의 약속을 지키기 위해서 나는 어떻게든 그 불합리한 상황과 싸우지 않으면 안 되었다.

"장 기자, 좀 장황하긴 해도 내 뜻 아시겠어요?"
"네, 압니다."

　'무학의 장애인이 대학 강사가 됐다'고 세간의 화제를 모은 김에 나를 취재하러 온 기자를 통해 나는 대학 사회의 모순과 부조리를 알리고자 했다.

"난 잘 모르지만, 혹시 언론 여건상 가감해야 한다면 안 써도 됩니다. 내가 원하는 건 오직 진실만을 써 주시길 바래요. 이건 나 혼자만의 문제가 아닙니다. 모르긴 해도 어려운 여건 속에서도 열심히 재능을 키워 온 사람이 장애나 학벌 때문에 실력도 제대로 검증받지 못하고 대학이라는 조직에서 쫓겨나는 안타까운 경우를 위해서 하나의 선례를 남기고자 하는 거니까요. 법에도 판례라는 게 있어서 그 판례가 다음 판례에 영향을 미치지 않습니까. 내 작업 시간을 낭비하면서까지 이렇게 내가 가을 학기를 보내고 있는 것은 이번 학기 내에 내 뜻이 쭈욱 기사화되기를 바라서예요. 언론이 보통은 공격적이고 비판적인 게 상례겠지만 내가 바라는 건 매우 긍정적인 시각에서 다투고 싶다는 겁니다. 그나마 나 같은 사람을 강단에 서게 한 명지대학에 대한 감사의 의미도 포함되고요. 이것이 기사화되면 만화창작학과도 광고되는 거니까 나 같은 인간이 그렇게 무용지물이 아니라는 것도 알겠지요."

장 기자는 그렇게 내 강의 시간에 와서 취재하고 사진 촬영도 해 갔다. 기사는 한 가지 거짓만 빼고(3명의 학생을 30명이라고 한 것)는 모두 진실이었다.

## 잠들지 못하는 여자

　성격이 운명을 좌우한다는 말이 있다. 주변 사람들에게도 강조하지만 내게도 늘 적용하는 말이다. 타고난 성격이라도 고쳐야 할 점이 있다면 후천적 노력으로라도 잘못된 운명을 바꿔야 한다고 말이다. 그러나 말이 그렇지, 그게 얼마나 어려운 일인지.
　특히 작품에 관해서는 체질적으로 타협하지 못하는 곧은 성격이라 나는 회사가 원하는 작품을 쉽게 내놓지 못했다. 다 완성된 원고라도 찢어 버리는 횟수가 잦았다. 1년 넘게 책상 앞에 앉아 열심히 해도 변변한 작품 하나 내놓지 못하고 찢고 또 찢기를 반복하는 날들이 많았다.

　"아무래도 이 선생님 작품은 현재 독자들과는 맞지 않네요. 유감입니다."

　기다리는 잡지사에서도 번번이 같은 말만 되풀이하게 되니 아

2008년 국제만화가대회에서

2011년 만화사랑 서포터즈 발대식에서

예 능력이 없는 작가로 치부되었다. 시류에 적응하지 못하는 작가가 천재인지 바보인지는 아무도 모른다. 다만, 인기 작가로 인정받지 못하고 가난하다는 것뿐이다.

나는 나다! 결국 '나는 나'라고 스스로 선언한 후 억지로 작품하는 일을 포기하였다. 포기라는 말이 어쩌면 좌절이란 말처럼 들릴 수도 있겠다. 그러나 내겐 그런 의미가 아니다. 단지 한 우물을 파기 위하여 다른 하나를 내려놓는다는 뜻일 뿐이다.

'뜻이 있는 곳에 길이 있다.'고 했던가. 또 '구하라, 그러면 얻을 것이요, 찾으라 그러면 찾을 것'이라 했던가. 이 말들은 내 인생에서 정말로 이루어졌다.

만화를 처음 시작했던 10대 시절, 나는 프랑스에 가서 의상 디자이너가 되고 싶었다. 내가 만든 옷이 기성복화되어 전 세계로 팔려 나가는 꿈을 꾸었다. 그러나 장애와 가난 때문에 학교조차 다니지 못한 현실은 그 꿈이 전혀 실현 불가능한 것임을 깨닫게 했다. 그래서 더욱 만화를 붙들고 진짜 괜찮은 만화가가 되어야겠다고 다짐했었다.

그런데 드디어 내게 바다를 건너 또 다른 세계로 나아가 볼 수 있는 기회가 왔다. 벽산그룹의 김희용 부회장과의 인연을 통해서였다. 김희용 부회장은 같은 교회를 다니면서 알게 되었는데 공교롭게도 만화가협회 명예회장을 맡고 있는 사람이기도 했다. 그해 일본에서 제1회 동아시아만화대회가 열리는데 내게 그 대회

참석을 권유했다. 처음엔 어려운 형편을 이유로 거절했지만, 동생과 함께 갈 수 있는 비용은 물론 통역까지 붙여 주겠다는 그의 적극적인 설득을 그만 못 이기는 척 받아들이기로 했다.

기회의 여신은 앞머리는 무성하고 뒷머리는 대머리라고 했던가. 다가올 때 무성한 앞머리를 붙잡지 못하면 뒷머리가 없기 때문에 다시는 붙잡을 수 없다고. 내게로 걸어오는 기회의 여신, 나는 그녀의 앞머리를 붙잡아야만 했다.

동아시아만화대회 참석 제안을 받고 집에 돌아오자마자 그때부터 대회에 참석하는 날까지 열심히 포트폴리오를 준비했다. 마침 나의 오랜 염원이던 일본의 슈에이샤를 직접 방문해 볼 수 있는 절호의 기회였기 때문이다.

1988년에 새소년 잡지사 사장이 일본에 다녀오면서 가져온 슈에이샤의 만화잡지 『YOU』를 보고 나서 가슴이 뛰었다. 거기에 내 작품을 언젠가는 꼭 연재해 보고 싶다는 바람이 강하게 일었다. 끼니조차 잇기 힘든, 미래가 보이지 않는 암울한 상황에서도 늘 변치 않고 간직하고 있던 바람이었는데 드디어 10년 만에 그 바람이 이루어지려는 것이다. 가슴이 설레었다.

이와키에서 열린 동아시아만화대회는 꿈같은 시간이었다. 다채로운 심포지엄, 활발한 교류, 그리고 화려한 파티로 가득했던 4일은 정말 잊을 수 없는 나날들이었다. 대회가 끝나자마자 나는 도쿄로 돌아오는 서울문화사 사장님 일행과 함께 긴자의 호텔로 왔

부천만화박물관 내 작업실에서

고, 포트폴리오를 다시 펼쳤다.

"김 대리님, 이거 일본어로 워드를 좀 쳐주시고요. 여기 있는 전화번호대로 편집장들과 약속을 잡아 주세요."

나는 한국에서 미처 끝내지 못한 포트폴리오 번역을 김희용 부회장이 통역으로 붙여 준 벽산그룹 일본 지사 직원에게 맡기고, 일본 3대 만화잡지사 편집장과의 약속 일정을 잡아 달라고 부탁했다.

그동안 우리 자매는 멀리 나가지 못하고, 매일 밤 호텔 근처 긴자 거리를 누비고 다녔다. 라면, 우동, 도시락 등을 사 먹으면서 불빛 찬란한 긴자 거리의 쇼윈도를 여기저기 구경하고 다녔다. 그때 김대리 님의 전화가 왔다. 화요일부터 금요일까지 약속 일정이 잡혔다는 것이다.

나는 약속 잡힌 일정대로 화요일부터 금요일까지 호텔과 잡지사를 드나들며 편집장들을 만났다. 그리고 이해경이라는 이름으로 여러 출판사에 발표했던 작품 중 몇 가지를 뽑아 만든 포트폴리오를 그들에게 내보였다.

"다른 작품들은 잘 모르겠는데 이 작품은 정말 좋습니다. 내용이나 그림 모두 개성이 있고 독특합니다."

일본 편집장들은 한국에서 외면받던 내 작품 '잠들지 못하는 여자' 시리즈를 모두 호평했다.

"저는 1988년 이 잡지를 처음 본 후부터 제 작품을 꼭 이 잡지에 연재하고 싶다고 생각해 왔습니다. 10년 가까운 세월이 지난 지금도 그 바람은 아직 변함이 없습니다. 제 작품을 보시고 말씀해 주세요. 일부러 좋게 평하지 않으셔도 됩니다. 저는 그저 진솔한 말씀이 듣고 싶습니다."

드디어 바라던 슈에이사의 후지무라 편집장과 만난 자리에서, 나는 그달의 『YOU』 잡지를 꺼내 들고 후지무라 편집장에게 힘주어 말했다. 그는 내 파일을 뒤적이더니 역시 '잠들지 못하는 여자'에 시선을 고정한 채 한 장 한 장 꼼꼼히 들여다보았다.

"정말 훌륭합니다. 일본에서도 보기 드문 개성 있는 그림과 소재입니다. 이 선생님이 추구하는 스타일은 우리 잡지 『YOU』와 일맥상통합니다. 우린 아직 외국 작가들의 작품을 연재한 적이 없습니다만 선생님의 작품은 한 번 데스크에 올려 보겠습니다. 한국 가시면 새로운 내용으로 한 편 보내 주십시오."

일본 사람 특유의 친절이 배인 말이라 100%로 다 믿지는 않았지만 그래도 내가 오랫동안 원해 왔던 잡지사와의 도킹에 성공했다는 것만으로도 말할 수 없이 기뻤다. 더구나 외국 작가로 도전하여 호평을 받았다는 사실 하나만으로도 내겐 충분했다.

'잠들지 못하는 여자' 시리즈는 그 몇 년 전 주간지 『매주』에 몇 차례 연재되다 중단됐었다. 그 후에도 나는 같은 장르를 고집하며 몇 편을 더 만들어 편집장들에게 보였지만 번번이 거절당했던 작품이었다. 그것은 국내 잡지사 편집자들의 안목이 없어서가 아니라 내 그림 스타일이나 그런 내용의 만화를 볼 독자가 아직은 국내 시장에 없기 때문이었을 것이다.

'잠들지 못하는 여자'가 드디어 통했다!

## 공주는 괴로워

 2002년, 운전을 배우기 위해서 국립재활원에 처음 갔다. 운전을 배워서 더 자유롭게 이동할 수 있으면 작품 활동을 하는 데에 훨씬 도움이 될 것 같아서였다. 국립재활원에 가기 전까지 난 그야말로 공주처럼 살았다. 그전까지는 휠체어를 혼자 밀어 본 적이 없다. 내가 뭘 하려 하면 동생들은 '누나, 가만히 있어. 괜히 품위만 떨어져.'라며 나를 극진히 돌봤으니까. 그런데 국립재활원에서 운전을 배워야 할 때부터 내 삶은 '노가다'가 되었다.

 혼자 휠체어를 미는 힘을 키우겠다고 재활원 경사로를 오르내리며 연습을 하다가 왼쪽 어깨 인대가 파열되었다. 그걸 10년간 방치했더니 나중엔 마비까지 와서 2018년에는 결국 어깨 관절 수술까지 받기도 했다. 어쨌든 어깨 인대가 망가지면서도 끝내 포기하지 않고 혼자서 휠체어를 접고 타고 재활하는 법을 익혔다. 내 나이 쉰한 살이었다. 그 나이까지 그림만 그렸지 혼자 휠체어를 밀어 본 적도 없었으니 정말 공주는 공주였다.

　운전 연습은 쉽지 않았다. 혼자서 운전석에 올라가 본 적이 없었던 내겐 운전석에 옮겨 앉는 것부터가 커다란 난관이 아닐 수 없었다. 거의 산을 등반하는 것만큼이나 힘이 들었다. 하루 이틀 가지고는 될 일이 아니어서 의사에게 국립재활원에 입원시켜 달라고 사정하기까지 이르렀다. 그러나 오래된 장애인이라며 거절당했다. 국립재활원은 중도에 장애를 입은 사람들의 재활을 돕는 곳이었으니 다른 중도 장애인들에 비하면 내가 오래된 장애인이란 말이 사실 틀린 말도 아니었다. 하지만 오래된 장애인이든 신참 장애인이든 당시 운전을 배우는 일은 내게 너무도 간절한 일이었다. 의사 선생님 바짓가랑이라도 붙들고 싶은 심정이었으니까.

　"선생님, 제가 공주여서요. 혼자 해 본 게 없어서 이렇게 됐어요. 제발 좀 도와주세요."

　이렇게 통사정을 하고서야 겨우 단기입소 허락을 받아 낼 수 있었다. 혼자서 휠체어를 밀고 다닐 수 있는 체력단련을 위해 매일 아침 9시부터 오후 5시까지 힘든 운동도 열심히 했고 휠체어도 경량 휠체어로 새로 바꿨다.
　사실 면허시험은 그리 어렵지 않았다. 국립재활원에 있는 동안 한 달 만에 면허는 딸 수 있었다. 실기 시험 때는 조교 선생님이 엉덩이를 받쳐 주셔서 운전석에 앉을 수 있었지만, 여전히 혼자 운전석에 오르는 게 과제로 남아 있었다.

국립재활원에서 한 달간의 재활 훈련 기간이 끝났는데도 운전석에 혼자 오르기는 가능하지 않았다. 국립재활원에 더는 있을 수 없게 되자 이번엔 삼육재활원으로 옮겨 또다시 빌고 매달렸다. 나 공주라고, 도와 달라고!

차를 사 놓고도 운전석에 오르지 못해 좌절하던 중, 삼육재활원의 오래된 치료사 선생님 한 분이 내게 특별한 방법을 알려 주셨다. 척추 측만이 심한 나는 운전석에 팔 힘으로 사선으로 올라가는 방식 대신, 휠체어를 바싹 붙여 엉덩이를 먼저 올리는 방식으로 옮겨 앉아야 한다는 것이었다. 과연 그 방법을 쓰자 비로소 운전석에 오를 수 있게 되었다. 새로운 방법을 터득한 나는, 마치 날아오르듯 운전석에 올라앉을 수 있게 되었고, 휠체어를 접어 뒷좌석에 넣는 일도 금방 익숙해졌다.

그렇게 운전할 수 있게 되자마자 나는 겁도 없이 중부고속도로로 달려 나갔다. 의정부 집까지 내비게이션도 없이 지도와 이정표만 보고 운전했다. 운전 2개월 만에 전라도 광주까지 강의하러 갈 정도였으니, 정말 겁도 없이 운전도 내 성질대로였다.

늘 동생들이 운전해 주고 업어 주던 '공주'였던 내가 이제는 스스로 운전해 혼자 어디든 갈 수 있게 된 것이다. 진정한 자유였다.

## 상추 누나

운전을 배우러 국립재활원에 처음 갔을 때 많은 휠체어들을 보고 충격을 받았다. 난생처음 그렇게 많은 휠체어를 처음 보았던 거다. 그때까지 내 장애 외에 다른 장애를 잘 몰랐다는 사실도 처음 깨달았다. 시설에 가 본 적도 없고 장애인과 사귀어 본 적도 없고. 내 손으로 휠체어를 밀어 본 적도 없으니 어쩌면 당연한 일이었다. 그런 내게 그곳에서 다른 장애인들과의 만남은 장애를 새롭게 인식하는 계기가 되었다.

그곳에서 만난 척수장애인들은 경추, 흉추, 요추 번호로 자기를 소개하곤 했다. 예를 들면 '경추 3번, 요추 2번' 이런 식이었다. 각자의 다친 부위를 번호로 얘기하면 서로의 상태를 대충 알 수 있기 때문이다. 거기서 나는 경추도 요추도 흉추도 아닌, 그냥 '상추' 누나였다. 상추 누나로 담뱃불도 붙여 주고 커피도 뽑아 주고 친밀하게 다가가서 나와 다른 장애인들의 이야기를 열심히 들었다.

내가 만화가라고 하니까 자기들 이야기를 써 달라고 했다. 비장애인이 장애인의 삶을 잘 알게 되면 좋지 않겠냐고. 그래서 그 사람들의 이야기를 본격적으로 듣게 되었다. 이야기를 만들 때 특별한 고민은 없었다. 왜냐하면 나도 겪은 일이고 공감할 수 있는 이야기니까. 장애인 이야기라고 특별히 더 잘 만들어야겠다는 생각도 하지 않았다. 그저 어떻게 하면 만화적으로 더 재미를 줄까만 중점을 두었다. 만화는 재밌어야 하니까. 내 역량이 좀 못 미칠 수는 있지만 할 수 있는 만큼 애썼다.

덕분에 작품 '겨드랑이가 가렵다'가 나올 수 있었다. '겨드랑이가 가렵다'는 내가 만난 장애인들의 이야기를 바탕으로 총 7편의 단편 만화를 수록한 작품집이다. 장애인 사이에도 존재하는 차별을 다룬 '이방인', 신혼 여행길에 닥친 사고 뒤 섹스가 두려운 남편의 고민이 담긴 '첫날밤', 아이를 가진 주부의 재활 성공기인 '아기가 있어요' 등 장애인도 질투도 하고 시기도 하고 생리하고 섹스하는 똑같은 인간이라는 사실을 솔직하게 담아냈다.

"언젠가 누가 물었다. '너 생리하니.' 젊은 여자에게 던지는 질문이 아니라 장애인이기 때문에 의심하는 거였다. 장애인은 똥도 안 싼다. 와?"

2005년 오늘의 우리만화상 시상식에서

그 안에 단편 하나가 끝날 때마다 적어 놓은 '작가의 말'엔 이런 일침도 적어 넣었다.

'겨드랑이가 가렵다'는 새로운 소재와 전문 분야를 개척했다는 평가를 받으며 2005년 '오늘의 우리만화상'을 수상하기도 했다.

'장애인들이 왜 맨날 담배를 피우냐?'고 어떤 사람이 내 책을 보고 묻길래 '아니 장애인은 뭐 사람 아니냐? 담배도 피우고 술도 마신다. 욕도 하고 여자도 밝힌다. 장애인은 별세계 사람인 줄 아느냐!'고 했다.

내 책을 통해 많은 사람들이 장애인의 솔직한 삶의 모습을 새롭게 느낄 수 있게 되었다면 나는 그것으로 충분한 보람을 느낀다.

나는 앞으로도 쭉 상추 누나일 것이다.

2016년 한국만화박물관 '겨드랑이가 가렵다' 전에서

2016년 '로봇 비 휴먼' 전에서(부천타임즈)

2016년 부천신문이 만난 사람(부천신문)

2019년 부천국제애니메이션페스티벌에서
(강원경제신문)

## 만화계 대장이 되다

"선생님도 응모해 보세요."

한국만화영상진흥원의 임원 공고가 뜬 것을 보고 나를 딸처럼 아껴 주시는 만화가 OOO님이 권유해 왔다.

"그럴까?!"

정말 주저 없이 답을 했다. 자격 여부 따위는 따질 필요조차 없었다. 만화에 대한 열정만큼은 누구에게도 뒤지지 않을 자신이 있으니까.

첫 도전에 바로 이사에 선임이 되었다. 그리고 2019년 7월 15일 생애 첫 이사회가 열렸다. 백내장 수술을 한 상태였지만 첫 이사회인 만큼 참여하기로 하였다. 이사회 안건은 '이사장 선출'이었다. 처음이라 나는 그저 지켜보고만 있었다.

2019년 한국만화영상진흥원 제9대 이사장 취임식에서
(위/인사말을 하는 필자와 축사 중인 방송인 강원래 씨, 아래/단체 사진)

"이사장을 추천해 주십시오."

임시 의장이 이사장을 추천하라고 하자 잠시 침묵이 흘렀다. 그리고 바로 이어

"제가 쭈욱 지켜봤는데 이해경 선생님처럼 올곧고 열정 있는 만화가는 아직 못 뵈었습니다. 이해경 선생님을 추천합니다."

어떤 분이 나를 추천하는 의견을 냈다.

"또 추천해 주십시오."
"저도 이해경 선생님이 적격이라고 생각합니다."
"또 다른 분 추천해 주세요."
"제가 30년 동안 선생님을 보아 왔는데, 이해경 선생님이 적격입니다."

한번 추천 의견이 나오자 나에 대한 추천이 계속해서 이어졌다. 결국 나를 단일 후보로 이사장 선출 투표에 들어갔다. 이사장이 되려면 과반 이상의 찬성을 받아야 한다고 했다. 투표 결과를 생각해 볼 겨를도 없이 투표가 신속히 마무리되고 드디어 결과가 나왔다. 만장일치였다. 예상치 못한 놀라운 결과였다.

그렇게 나는 2019년 한국만화영상진흥원 제9대 이사장으로 선

취임식에서(당시 한국장애예술인협회 회장이시던
한국장애인문화예술원 방귀희 이사장님과 방송인 강원래 씨와 함께)

?

출되었다. 여성이자 장애인으로서는 최초였다. '최초'라는 그 타이틀 덕분에 세간의 많은 집중을 받았다.

평소 알고 지내던 방송인 강원래에게 내 이사장 선임 소식을 알렸더니 그는 대뜸 '그게 뭐냐?'고 물었다. 그 말에 나는 이렇게 장난스럽게 대답해 주었다.

"내가 만화 대장이 된 거야."

어린 시절 만화가를 꿈꾸던 소녀가 길고 외로운 길을 걸어서 어느덧 만화계의 대장이 된 것이다.

그 순간 가장 먼저 떠오른 것은 어머니였다. 그 자리에 어머니가 살아 계셨다면 어땠을까. 아마도 가장 크게 박수를 치고 기뻐해 주셨을 것이다. 일찌감치 내 재능을 발견하고 이끌어 주신 어머니가 없었다면 내 만화 인생은 애초에 시작되지 못했을지도 모른다. 일본어에 능통하신 어머니 덕분에 일본 만화계에 진출해 그들과 교류하고 소통할 수 있었다. 어머니는 내가 만화를 그리는 데 평생을 헌신하신 최고의 조력자이자 동료였다.

만화 그리는 딸 곁에 늘 계시던 어머니는 만화계에서 '원로 작가'로 통했다. 그런 어머니가 딸이 만화계 대장이 되는 모습을 지켜보셨더라면 얼마나 자랑스러워하셨을까.

때때로 그리움은 예고 없이 발이 빠지는 심연과 같아서, 그 속으로 한 번씩 고꾸라질 때마다 아득한 먹먹함에 휩싸이곤 한다.

어머니는 2012년 대장암 진단을 받고 이듬해 1월에 돌아가셨다. 아직도 나는 어머니가 중환자실에서 거의 의식을 잃고 누워 계시면서도 내 목소리에 화들짝 눈을 크게 뜨시던 그 모습을 잊을 수가 없다. 내 목소리를 따라 흔들리던 어머니의 눈을 보면서 '어머니가 나 때문에 그 희박한 생존 확률에도 불구하고 살아나셨구나!' 하는 생각에 감동과 감사의 눈물을 흘렸다. 어머니는 나를 보려고 그렇게 힘든 상황에서도 애써 버티고 계셨다. 나도 어머니를 절대 포기할 수 없었다. 그래서 어머니의 마지막 간병을 자처했다.

형제들은 어머니를 요양병원으로 모시자고 했지만, 어머니도 나를 떠나기 싫어하셨고, 나 역시 어머니의 마지막은 내가 지켜드리고 싶었다. 주변의 괜한 오해를 살까 봐 다른 사람들에게는 '누나가 엄마를 절대로 놓지 않는다.'고 얘기하라고 형제들에게 당부하기도 했다.

어머니는 소화 기능이 거의 사라져 하루에 17번 이상 화장실을 가야 했고, 체중은 36kg까지 떨어지셨다. 침대에서 혼자 화장실을 갈 수 없는 어머니를 휠체어에 앉은 내 무릎 위에 앉혀 화장실까지 모셔 드려야 할 만큼 기력이 쇠해지셨다. 나중에는 더 위중해지셔서 호스피스 병원으로 옮기셨고 결국 그곳에서 마지막 예배를 드리며 편안하게 눈을 감으셨다.

비록 내 두 어깨가 다 망가질 만큼 힘든 간병이었지만 나는 아직도 그 선택을 후회하지 않는다. 마지막까지 최선을 다해 곁을

지킬 수 있어서 미련도 없다. 후회 없는 이별이었다.

정신대(위안부)를 피해 일본 교토에서 한국으로 오셨던 강인하고 현명한 어머니! 아픈 남편과 장애가 있는 딸을 포함해 5남매를 키우시고 고아원에 보내질 형편에 놓였던 다섯 명의 사촌들까지 거두신 훌륭한 어머니! 특별히 장애가 있는 딸의 재능을 일찍이 간파하여 만화가로 키우기 위해 각별히 애를 쓰신 내 어머니!

지금까지 그런 어머니를 비롯해 형제들의 무한한 사랑과 헌신이 없었다면 오늘의 나는 없었을지도 모른다. 누구든 혼자 힘으로 살 수 없다는 것을 나는 내 삶으로부터 배웠다.

"만화에게 받은 사랑 만화에게 돌려주겠습니다."

만화계에서 받은 사랑 역시 그렇다. 그 사랑에 보답하는 마음으로 한국만화영상진흥원 이사장 2년 임기를 마쳤고 지금도 여전히 빚진 마음으로 산다.

앞으로 내게 남아 있는 날들 동안 내가 평생 받아 왔던 많은 사랑을 사랑과 위로가 필요한 모든 이들에게 돌려줄 수 있는 삶이 되기를 바란다.

## 이해경

사단법인 한국웹툰협회 자문
서울동화픽쳐스 만화(웹툰) 사업부 자문위원
한국만화영상진흥원 지원사업 청년장애인웹툰아카데미 자문위원

명지대학교 만화창작과 외래교수(1996~1998)
한국만화가협회 이사, 서울SICAF조직위원회 이사(2000~2008)
한국만화영상진흥원 제9대 이사장(2019~2021) 역임

1972 한국일보 신인만화가 '초상의 비밀'로 등용
1974 『새소년』 잡지만화 '현아의 외출'로 재데뷔
1978 진주개천예술제 동양화 부문 입상
1979 경남도립미술대회 동양화 부문 입상
1980 경남예제 동양화 부문 입상
1980~2007 만화 연재 매체(매주만화/르네상스, 소년동아일보, 일본 집영사 『YOU』
　　　　 잡지연재/리빙스턴, 무디, 썬다 싱, 쿠스코)
1982~1984 부산MBC 어린이 문예 연재
　　　　 경남일보 어린이판 만화 삽화 연재
1984~1985 새소년 만화공모전 '이사도라 던컨' 입상
　　　　 만화왕궁 연재
2005 '겨드랑이가 가렵다' 오늘의 우리만화상 수상
2015~2016 웹툰 '겨드랑이가 가렵다' 연재
2017 '천로역정' 만화리빙 뮤지엄 프로젝트 선정
　　　흔적을 찾아서 〈펄벅여사 연대기〉 제작(한국만화박물관)
2019 〈커피로맨스〉
2020 독립운동가 100인 프로젝트 2차 참가 독립운동가 〈한도신〉 단행본 '어머니'
　　　카카오페이지 웹툰 연재

**작품집**
「허드슨 테일러」(1993), 「우리들의 천국은」(1994),
「드와이트 무디」(1996), 「다다의 말씀 여행」(1996),
「잠들지 못하는 여자」(1997), 「썬다 싱」(1998), 「쿠스코」(2000),
「리빙스턴 이야기」(2002), 「다다의 요리 일기 1, 2」(2003),
「겨드랑이가 가렵다」(2005), 「맨발의 사도 썬다 싱」(2009),
「우유빛 천사」, 「천사의 시」, 「드와이트 무디」(2009),
「허드슨 테일러」(2009), 「천로역정 1, 2」(2017), 「커피로맨스」(2019),
「어머니의 어머니, 그 어머니의 어머니」(2021), 「아홉 개의 비누」(2023) 등